《山西文華》編纂委員會 編

山西文華·史料編

山右碑目

民國 佚名◎纂

山西出版傳媒集團
三晉出版社

圖書在版編目(CIP)數據

山右碑目 / 佚名纂. —太原：三晋出版社，2018.11
ISBN 978-7-5457-1797-6

Ⅰ. ①山… Ⅱ. ①佚… Ⅲ. ①碑文—彙編—山西
Ⅳ. ①K877.42

中國版本圖書館 CIP 數據核字(2018)第 260145 號

山右碑目

纂　　者：〔民國〕佚　名
責任編輯：解　瑞
封扉設計：山西天目·王明自
出 版 者：山西出版傳媒集團·三晋出版社（原山西古籍出版社）
地　　址：太原市建設南路 21 號
郵　　編：030012
電　　話：0351-4922268（發行中心）
0351-4956036（總編室）
0351-4922203（印製部）
網　　址：http://www.sjcbs.cn
經 銷 者：新華書店
承 印 者：山西人民印刷有限責任公司
開　　本：700mm × 1000mm　1/16
印　　張：17
字　　數：60 千字
版　　次：2018 年 11 月　第 1 版
印　　次：2018 年 11 月　第 1 次印刷
書　　號：ISBN　978-7-5457-1797-6
定　　價：95.00 圓

ISBN 978-7-5457-1797-6

《山西文華》編纂委員會

主　任　樓陽生

顧　問　廉毅敏

副主任　張復明

委　員　李福明　李　洪　郭　立　閻潤德
李海淵　武　濤　劉潤民　雷建國
張志仁　李中元　閻默彧　安　洋
梁寶印

編纂委員會辦公室

主　任　安　洋（兼）

常務副主任　連　軍

出版説明

山西東屏太行，西瀕黄河，北通塞外，南控中原，是中華民族的主要發祥地之一。中華文明輝煌燦爛，三晉文化源遠流長。歷史文獻豐富、文化遺産厚重，形成了兼容並包、積澱深厚、韵味獨特的晉文化。山西省政府決定編纂大型歷史文獻叢書《山西文華》，以彙集三晉文獻、傳承三晉文化、弘揚三晉文明。

《山西文華》力求把握正確方向，尊重歷史原貌，突出山西特色，薈萃文化精華，按照搶救、保護、整理、傳承的原則整理出版圖書。叢書規模大，編纂時間長，參與人員多，特將有關編纂則例簡要説明如下。

一、《山西文華》是有關山西現今地域的大型歷史文獻叢書，分「著述編」「史料編」「圖録編」。每編之下項目平列；重大系列性項目，按其項目規模特徵，制定合理的編纂方式。

二、「著述編」以一九四九年十月一日前山西籍作者（含長期在晉之作者）的著述爲主，兼收今人有關山西歷史文化的研究性著述。

三、「史料編」收録一九四九年十月一日前有關山西的方志、金石、日記、年譜、族譜、檔案、報刊等史料，以影印爲主要整理方式。

四、「圖録編」主要收録一九四九年十月一日前有關山西的文化遺産精華，包括古代建築、壁畫、彩塑、書畫、民間藝術等，兼收古地圖等大型圖文資料。

五、今人著述采用簡體漢字横排，古代著述采用繁體漢字横排。

《山西文華》編纂委員會

出版前言

清代尚實學，興考據之風，至乾嘉時期鼎盛，爲中國傳統學術集大成時期。晚清時期，承乾嘉遺風，金石學得到了長足的發展，大師、名著層出不窮。這一時期，山西作爲傳統的文化資源富集地，亦爲學界所重，陸續刊行了夏寶晋《山右金石録》、魯燮光《山右訪碑記》、楊篤《山右金石記》、胡聘之《山右石刻叢編》等一大批山西金石文獻圖書。

辛亥鼎革，民國時期的學風較于晚清爲之一變，西風東漸，尚調查研究之風，于金石研究領域尚田野調查、實地踏勘，形成了一批頗具現代意義的科學研究成果。《山右碑目》正是這一時期産生的山西石刻資源調查成果。《山右碑目》原稿分冀甯道屬碑目、雁門道屬碑目、河東道屬碑目三部分。三部分各自獨立成册，各册分别以「冀甯道屬碑目」「雁門道屬碑目」「河東道屬碑目」名篇。各册體量不大，故併爲一書出版，又因各册卷頭皆標有「山右碑目」，故以「山右碑目」名之。「冀甯道」爲民國時期山西省會所在，故首列「冀甯道屬碑目」，之後由北而南，分列「雁門道屬碑目」「河東道屬碑目」。

三册碑目之下皆不分卷，每條碑目下簡列其碑所在地、年代，纂書者姓名等信息。《冀甯道屬碑目》收録陽曲、太原、榆次、太谷、祁縣、徐溝、交城、文水、岢嵐、嵐縣、興縣、汾陽、平遥、介休、孝義、臨縣、石樓、離石、中陽、平定、壽陽、盂縣、昔陽、遼縣、榆社、和順、潞城、黎城、長治、長子、襄垣、屯留、壺關、晋城、高平、陵川、陽城、沁水、沁縣、沁源、武鄉等地碑目。《雁門道屬碑目》收録大同、渾源、廣靈、靈邱、天鎮、陽高、應縣、山陰、懷仁、代縣、五臺、繁峙、崞縣、忻縣、定襄、静樂、右玉、左雲、朔縣、平魯、甯武、五寨、神池、偏關、保德、河曲等地碑目。《河東道屬碑目》收録臨汾、曲沃、洪洞、鄉甯、安澤、浮山、翼城、汾城、襄陵、吉縣、解縣、安邑、夏縣、芮城、平陸、新絳、絳縣、垣曲、聞喜、稷山、河津、永濟、猗氏、臨晋、虞鄉、萬泉、榮河、霍縣、靈石、趙城、汾西、隰縣、永和、蒲縣、大甯等地碑目。

該書纂者不詳，具體成書時間亦不詳。清代山西省設冀甯道、雁平道、河東道、歸綏道四道，民國元年（一九一二）原歸綏道所屬地區脱離山西建爲綏遠省，民國三年（一九一四）五月山西分設冀甯道、雁門道、河東道，民國十九年（一九三〇）廢道。觀此書形制，成書似應在一九一四年到一九三〇年之間。

該書爲民國時期朱絲欄稿本，每頁八行，行約二十字，卷端鈐「北京圖書館藏」朱文印，未刊行，現藏中國國家圖書館。

二〇一八年，三晋出版社以中國國家圖書館藏民國時期稿本爲底本，影印出版《山右碑目》一書，收入《山西文華》叢書，使這部稀見的山西金石文獻得以呈現于世。在以科學影印出版的方式保留原刊本珍貴歷史文獻資料的同時，使稀見史料化身千百，繼絶存真，傳本揚學，允爲善舉。

申　帥

二〇一八年十一月

目録

冀甯道屬碑目

山右碑目

冀甯道

陽曲 太原 榆次 太谷 祁縣 徐溝 交城 文水

岢嵐 嵐縣 興縣 汾陽 平遥 介休 孝義 臨縣

石樓 離石 中陽 平定 壽陽 盂縣 昔陽 遼縣

榆社 和順 潞城 黎城 長治 長子 襄垣 屯留

壺關 晋城 高平 淩川 陽城 沁水 沁縣 沁源

武鄉

齊曇始行狀記

在陽曲縣武平元年正書金石錄補曾著錄此碑今拓

本文多殘缺

隋洛陰脩寺碑

在陽曲縣東北七十里羅陰村分書通志金石志碑爲仁壽中車

騎將軍王懿立羅陰村在縣東北七十里

宋西山治平寺莊帳記

在陽曲縣西三十里虎狼山治平寺大觀二年行書建

積序并書、

英濟侯感應記

在陽曲縣烈石口、大定二年正書、額題篆書張布孟篆額、高翥校勘、史佺撰記、任宇書丹、

金烈石口題跋

在陽曲縣大定二年行書、史佺跋、

元卿雲觀記

在陽曲縣、皇慶元年、正書、閻尺英篆額、何守遜書（李道和）（趙居采）

田銅壓操存本未搨文

元乘廟侯感應碑

在渉沁（濟曲縣）刘石口，至正八年，正書，篆額，張翔本撰，

郭彥亨書，相哥篆。

唐晉祠銘

在太原縣，貞觀二十年，行書，太宗御製並書，朱竹垞跋

云為庸工改鑿，骨力形勢俱失。原碑漫漶不可辨，乾隆

庚寅邑貢生楊靖（藹）亟搨未損北摹鉤校刊峙於前碑

之次、
後唐李存進碑
在太原縣鄭村、同光二年、正書、吕夢奇撰、梁邕書、并篆、
後晉史匡翰碑
在太原縣、天福八年、行書、闕敎撰、閻光遠書、潛研堂
金石文跋尾、闕文排比、鋪張頗為親切、而閻光遠書法圓美、
五季石刻如此者亦罕矣、碑二十八行、上頭殘闕、行存
六十五字、

後晉蒙山開化寺碑
在太原縣西蒙山化平寺、開運二年、正書、蘇禹珪撰、
蘇晚□書並篆額、
北漢天龍寺千佛樓碑
在太原縣西南三十里天龍廟、廣運二年、行書額題篆
書、李惲撰、劉守清書、王建興篆額、
宋晉祠銘碑陰碑側十六段題名、
在太原縣、皇祐三年、趙皇祐記政和、

宋惠明寺舍利塔碑

在太原府北二里惠明寺元豐八年正書 呂惠卿撰

并書 范子諒篆額

宋聖母廟謝雨文

在太原府晉祠宣和五年正書 姜仲[illegible]撰 趙令畤書

金重脩天龍寺碑

在太原縣正隆四年正書 智允迪撰 任崇書并篆額

元汾東王廟記

在太原縣晉祠、至元四年、正書、弋彀撰、馮衮書丹、

田伯英篆額、

元姜太中晉渼題記

在太原縣晉祠、至元十九年、正書、張維書、

元奉聖寺碑、

在太原縣、皇慶二年、正書、

元聖母祠禱雨詩

在太原縣、延祐五年、正書、

元太原孔廟碑

在太原州至正三年　程洁撰　顏真卿書　徐洪篆

此碑為元徐袖重刊末有皙允厚題跋

唐贈太保李良臣墓碑

在榆次縣趙村廣德元年正書李宗閔撰　楊正書

唐李光進碑

在榆次縣趙村元和十五年行書　令狐楚撰　附子

李元書

唐李光顔碑

在榆次縣趙村　開成五年正書　李程撰　郭虔書

附世系表

元康庸墓碑碣

在榆次縣　至正七年正書

唐智元墓碑

在太谷縣　開元二十年行書

唐淨信寺碑

在太谷縣東湯邑村開元二十八年正書 碑刻三面正面十八行陰面十六行下截殘缺行字難稽左側題名六列

元李公塋記

在太谷縣延祐四年正書

唐申德墓志

在祁縣東南十里申村咸亨元年正書

元重修湯王廟記

在祁縣至正二十五年正書何世禄撰○○○書

段旁篆

唐彌勒像頌

在縣城外西北二十里永寧寺開元二十九年行書額

題篆林諤撰 房嶙妻渤海高氏書 蘇倪題額

元祐火燬政和間重勒大定火燬泰和間寺主元釗

又勒碑在泰和四年金人跋語可證以此觀之所

開元刻乃泰和刻也

唐甘露戒壇碑

在文城縣石壁山永寧寺 元和八年正書 碑題

篆文 李逢吉撰

唐東融和尚碑

在文水縣太和六年正書額題篆書王攀撰並書 原

碑作王攀 金石志作王攀 碑文磨泐漫漶多不可讀

元文水重建文廟碑

在文水縣大德十年正書 張徽書丹 武成功撰并題額

宋連理木頌

在崞縣政和四年正書劉遠撰并書

唐郭君碑

在汾陽縣北三十里永安鎮乾封二年行書此碑前段不知

闕幾行後則銘辭全闕存者二十一行惟前一行後二行

存字無幾餘則每行只闕數字尚可讀文中姓名里

貫全泐賴額題君二字知其姓

唐任爰墓志

直汾陽州小相里開元六年行書 汾陽州志道光己亥六月下堡村北雨後谿水漫流得碑刻於野田中 任太守明經之豫巖謝祠壁

唐任茂宏墓志

直汾陽州牧莊龍天祠大順二年正書 道光三十年耕者得此石於城南牧莊河灘中 椄去人及芬茹行剝蝕

雜辨

唐真夫人墓志

在汾陽縣牧莊天祐十九年正書額題篆文姚崇休

按此石道光三十年得之牧莊河灘中尚完好可讀

唐相里瑞碑題

在汾陽縣正書汾陽縣志唐上騎都尉相里瑞墓在縣北二十里小相村之北金石文志云此碑漫滅特甚僅存碑題其碑文之可識者曰相里瑞字鳳威曰夫人任氏而中有而埊〇字知為武后時所立

宋永安禪院

在汾陽縣北辛安村皇統二年正書李自新書碑題學究李自新書宋有學究科官李應是舉故結銜如此

宋狄青碑

在汾陽縣嘉祐七年正書王珪撰宋敏求書

宋御祭狄青記

在汾陽縣熙寧六年正書

宋御製狄青文

在汾陽縣熙寧元年正書御製文鄭獬序宋敏求

書可稱三絶任既模鐫亦當時能事

宋趙和墓志

在汾陽州政和六年正書額題篆書裴公輔撰并書

及篆

宋賜文彥博詩

在汾陽州學宮行書

（金）宋香積院涅槃會碑

在汾陽州官村三賢廟皇統六年正書額題篆書

僧了覺撰　張華書并刊　任文鐸篆

元狄青祠記

在汾陽縣元貞二年正書額題二篆書王國華撰書并篆額

魏李伯奴造象記

在平遙縣武定七年正書

唐段雍墓志

在平遙縣垂拱元年正書石於道光中出土

唐段威墓志

在平遠州垂拱元年正書石於道光中出土

唐梁君墓志

在平遠州貞元元年

宋白福寺勅

在平遠州趙山嘉祐八年行書

宋清虛觀牒

在平遠縣城治平元年行書

宋清虛觀記

宋梵業寺勅頌碑 在平遥縣政和四年正書 郭袁甸書

在平遥縣下東門內元祐七年正書額題篆書朱安
厚書 裴述之篆

宋勅賜應潤廟記
在平遥縣宣和元年正書額題篆書 余彥和記 龍澤書丹
王彝俞篆額

宋超山應潤廟祝文
在平遥縣宣和二年正書

宋超山應潤廟勅

在平遥縣宣和二年正書

金清虛觀葬枯碑

在平遥縣皇統二年正書額題篆書李致忠撰并書

金慈相寺關帝廟記

在平遥縣大定十三年正書額題篆書丞相張天覺無盡居士撰 傅福昇書

金應潤廟記

在平遥縣大定二十八年正書額題篆書郭明濟

記　口東鈞書丹　劉甲篆額

金慈相寺修造記

在平遙初明昌五年正書額題篆書　安泰撰并書

顏濟篆額

金慈相寺僧塔記

在平遙冀郭村泰和元年分書額題篆　趙大端撰

巖垣書　張天祠篆額

元法和真人石刻

在平遙縣丁酉年正書

元梁秉鈞碑

在平遙縣壬寅年正書趙題篆書

元樂安倉記

在平遙縣清虛觀至元十七年正書掾史徐思賢記

元元統之題名

在平遙縣超山大德六年正書

元應潤廟祈雨記

在平遙縣超山大德六年正書武亮撰 文茂書

元崇勝宮碑

在平遙縣至大二年正書

元梁瑛碑

在平遙縣梁官村延祐元年正書額題篆書 魏初撰

李侗書丹 杜思敬篆額

元梁天翔碑

在平遙縣梁官村延祐二年正書額題篆書 李源

道揆　趙孟頫書丹　元胡善篆額　附梁氏世表

北齊禪慧寺佛性

在介休縣史村天保十年正書

唐胡佺墓志

藏介休縣張村郭姓家開元二年　介休縣志東張村

乾隆中郭姓掘地得之　村距縣城二十里

唐吉祥寺經幢

在介休縣西孔村開元二十七年正書

唐抱腹寺碑

立介休縣綿山開元二十年分書楊仲昌蔓撰張

晉口伯曜書　檢校造碑僧思本

抱腹巖外崖奇險猱而進觀者股慄沙僧曾子勤祇

肅將不勝衣一家世重金石縋而下裹三日粮竟

出拓本以示人汲古之勤如此　額題大唐抱腹

寺碑篆法圓整分隸佳辭上有漢碑遺意

宋源神碑

在介休縣洪山村 大中祥符元年正書 趙張撰文

徐賛撰銘 僧奉宣書

山西水利見於古籍者自水經注新唐書地理志後無專書

如崞縣之湯武渠太原之晉渠霍州之霍渠絳州之鼓

堆渠及此碑之源泉皆見宋金諸碑可為考晉水利者

之助

宋李將軍墓碑

在介休縣下嶺侯村天禧二年正書前僞命省司
別駕徐贊撰　□易簡書　唐以成書
按贊面見大中祥符元年源神廟碑題銜為前并
州押衙銀青光祿大夫檢校國子兼殿中侍御史通
去贊蓋前北漢者也有僞命字且紀年考之祥符
在前天禧在後贊詳符不題僞命而題於天禧不可
解又一碑兩書人有二亦此碑例
宋介神廟詩碣

在介休縣西關 元祐四年正書 介休縣志 介子推廟在州西門外有河東路提點刑獄推費遺張南英詩刻 詩七言行書

元永澤廟香記

在介休州延祐三年正書 胡公優撰 宋欽書

元獻惠侯廟記

在介休州至正八年正書 左遷道撰 書丹李用卿

唐劉明德墓志

在臨汾長慶二年正書　碑四邊圖列夜半子雞鳴丑
平旦寅日出卯食時辰禺中巳正南午日昳未晡時
申日入酉黃昏戌人定亥等十二行

宋勑封明靈公牒
在臨汾南七十里郝家塔元符二年正書額題篆書

宋明靈公廟碑
在臨汾建中靖國元年正書梅昌符撰并書　張世永
篆額

金普照禪院碑
在臨縣大定九年正書額題篆書

金慈雲院碑
在臨縣東南五十里大定十三年正書額題篆書 趙為記 趙時稔書 陳祐刊并篆

元袁湘碑
在臨縣白汶里至元二十一年正書此碑目原倒置故疑漏刊後檢得仍補入 此碑目錄列入卷二十七元四

及檢二十七卷元四五未載此碑當是漏刊 姚燧撰

鵠師文書并題

元惠珏和尚碑

在臨縣至元二十二年行書額題篆書 沙門德潤撰

并篆額 沙門惠潤德演書

唐何知猛墓志

在永寧州今改離石縣天寶七載正書末題行書三行

石於道光二十三年出土有知州王縉賢題記今搨本

漫漶

魏紅林渡佛龕記

在平定州元象元年正月

魏安鹿交村二十四人造像記

在平定州武定五年正月

魏龍山寺主比丘道瓚造象

在平定州武定七年正月

魏閻膝頌德碑

在平定州武定八年正書　勝字寶顯臺在州北千里

坪碑文多剝落

北齊李清造象記

在平定州石門口天保六年正書　清威李憲希宗父子

知遇立碑報德書法高渾寔爲北朝傑作金石家皆未

見道光元年沈琮始得此拓　文多脫爲村字作式

更無可考證

北齊陳神忻七十二人等造像記

在平定州皇建二年正月

北齊河底交村七十人等造像記

在平定州河清二年正月

隋豆盧通等造象記

在平定州開皇元年　碑殘裂

唐司徒德奴妻王等造象

在平定州文明元年正月

唐郝貴興造象記

在平定州長壽三年正月 記正月字作𠥱日字作⊙盡
當時所造別體僞周碑碣日俱作𡆠月俱作𠥱作⊙作𠥱
世惟見此碑

唐鐵元始讚
在平定州東北九十里娘子關坡底老君洞大歷元年
引云金石續編此讚道士胡伯成爲河東節度兵馬
使張奉璋所作自來金石家未錄

唐承天軍城記

正平定州大歷元年行書　右闕下方右角

唐妬神頌

正平定州東北九十里娘子關介之推廟　大歷十一年

行書　李諲撰

唐承天山韓愈題名

正平定州長慶二年正書

唐裴度等承天題記

正平定州

唐封白雞山記

在平定州東二十里龍莊村白雞祠天祐十年正書

五代唐莊丞此獲白雉因之立廟碑立於天祐十載即梁

乾化三年朱氏篡唐晉王克用仍稱天祐之號克用薨莊

宗嗣立亦稱天祐天祐十年則莊宗嗣晉王之六年　碑

第二行監軍使特進右監門衛將軍賜紫金魚袋張

郎張承業通鑑貞明三年晉王承制授承業開府儀

同三司左衛上將軍承業不受但稱唐官以至終身

則此碑所在街皆唐時所校

宋壽聖寺牒

太平空物匜寅元年四月

宋里初祠醮盆銘

太平空物匜寅八年四月　于詠撰

宋里水祠香爐記

太平空物元豐六年四月

金淳山寺鐘識

在平定州大定六年正書

金靈源公廟記

在平定州大定九年正書 王覺撰 張演書

金元牧和尚塔記

在平定州大定十二年行書 比丘妙湛書丹並題額

金公孫程二公祠詩

在平定州大定二十五年正書

金靈貺廟碑

在平定州西二十五里獅子山 大定二十六年正書 趙悰

允挨 范汝舟書

金劉千墓幢

在平定州 泰和八年正書

金濟公祓記

在平定州署東北隅 大安二年正書 趙東文記

張公墓頌

金古靈法語

在平定州大安二年正書 趙秉文書

元關王碑

在平定州大德二年正書 李治撰 劉□書并篆額

元楊公平定水利記

在平定州大德十年正書額題篆書 □□撰 賚

寅書并篆

元靈源公廟碑

在平定州嘉山延祐二年正書 韓梓中撰 關甫書

元昭濟聖母祠記

在平定州延祐七年正書

元壽聖寺記

在平定州至治三年正書沙門廣崇撰倪肅隸書

元閻氏世系碣

在平定州泰定元年正書篆額呂思誠撰嚴升書

昌之屏篆

元嘉山祈雨記

在平定州　後至元五年正書　王瑀書

元平定祈雨記

在平定州　後至元六年正書　楊翰敍書

元崔府君廟祈雨記

在平定州　至正二年正書

元老君廟重臺記

在平定州　至正四年正書　呂思誠記　陳好謚

元靈源公祈雨記

在平定州　至正四年正月　王思善口　王丑撰并書

元修五十三叅碑

在平定州　至正六年正月　碩題額書　胡寅製文

郭濟書

元

王氏世系圖碑

在平定州　至正七年正月　呂思誠撰　衲子洞嵩書

元靈貺王廟碑

在平定州　至正十三年正月　呂思誠撰文題碩并書

唐崇福寺經幢

在壽陽縣平舒村 神功元年

偽周革命至是八年當時碑版紀年亦或不去大周

字此未有仍係以唐此幢乃作大唐神功元年三

月二十八日真大哉事亦大奇事

唐陽摩山功德銘

在壽陽縣 大曆二年正書 陽摩山本有魏武定三

年造象 唐大曆二年縣令秦善明重脩而作此記

唐楞伽寺碑

在壽陽縣東北大樂山 元和六年正書

唐神福山寺靈蹟記

在壽陽縣方山 天祐四年正書 王居仁撰 王崇祐書

天祐四年梁篡唐晉王克用父子奉唐朔稱天祐盡縣屬太原府爲晉故猶系唐年（至天祐二十年始改同光元年）秦東來詩晉氏不忘唐德一髮千鈞在此碑是也

宋李長者祠題刻四段

在壽陽縣元祐四年月立

宋壽陽新學記

在壽陽縣元祐七年正立

宋李長者冢

在壽陽縣崇寧元年正立

宋昭化禪院帖

在壽陽縣崇寧二年正立

宋雪中游昭化院碑

在壽陽縣崇寧三年行書

宋長者龕記

在壽陽縣方山下寺政和八年正書　張商英題

金謁無盡居士祠堂詩

在壽陽方大定三年　王寓　無盡居士即張商英

元壽陽學記

在壽陽縣至元二十七年正書

元重修龍王廟碑

元重修双鳳山五龍廟碑記 在壽陽縣 延祐五年正書篆額 范壽純撰 王好古篆額 趙搏霄書丹

在壽陽縣至正十四年正書篆額碩士安撰郝尉
篆額李道隆書丹

魏邢生造像
在孟縣興和三年正書

北齊邢多五十人等造象記
在孟縣城北四十里興道村興化寺天保二年正書
此記見陸氏金石續編末行至維大齊天保二年歲
次辛未壬申朔十五日丙戌定止今搨本尚有人

右五行記已有象二左右人名共三十人陸氏皆未見

金藏山廟記

在盂縣北神泉堡大定十二年正書　智揖撰　孫

德康篆　薛頤貞書丹

元重修藏山廟記

在盂縣至治三年正書　蒲機撰　呂思誠篆并書

元盂縣重修廟學記

在盂縣至正元年正書　拜出撰　别魯○篆　李薛

徹察兒書

金遼州文廟碑

在遼州 大定十四年正書 鄭元謹記 趙□書丹

張景華篆

金先軫廟碑

在遼州 大定十五年正書 額題篆書 趙楊模

耶律賢書 鄭元篆額

元遼州宣聖廟碑

在遵化州至元二十一年 王庭正書 魏初撰 權秉中
篆額

元劉義碑
在遵化州西莊村大德四年正書額題篆書 王璧
書丹 張厚篆額 王構撰

元祝融廟記
在遵化州至正十四年正書額題篆書 張徑篆額
孫瑞書丹 帖睦迩補化撰

魏聖壽睲寺造像記

在和順縣 元象元年

元摠濟夫人廟碑

在和順縣合山汶至元五年正月 馮□雲撰 中男阿都

氏書丹篆額

元重修崔府君廟碑

在和順縣温泉里至正元年四月 李大亨撰并篆

沙門便重遠錦書

元重修崔府君廟記

在和順縣皮至元五年正書　王仲安撰　李口書

趙略口象

隋申穆墓志

在潞城縣仁壽元年分安　石於明嘉靖年出土

唐申屠行墓志

在潞城縣景龍三年行書　石於道光中出土

唐申屠暉光墓志

在潞城縣北二十里合室村元和十一年正書 泉
遐撰 呂軫書 石於光緒中出土

宋真如院碑
在潞城縣南垂鎮治平元年正書 劉光記 沙門繼
深安定皇甫書

宋呂仙詩碣
在潞城縣元豐五年篆書 末題兩行正書 畢仲甬篆

宋重刻唐李靖獻西嶽書

在潞城縣崇寧三年 潞州楊大川命工摹石 嘉靖

三十一年 知縣馬迪重立

金集仙觀牒

在潞城縣 大定四年 正書

金崇仙觀牒

在潞城縣合室鎮 崇慶元年 正書 趙元撰 丹書王

未見

金崇慶院記

在潞城縣西巖山興定二年正書 杜飛卿記 僧惠初書 僧惠通篆

金李莊宣聖廟碑

在潞城縣興定五年正書

元重修湯王廟記

在潞城縣至元二十一年正書 程砥述并書

〔元〕潞城王氏塋碑

在潞城縣至元二十二年正書 韓仲元記

元潞城脩學記

在潞城縣元貞元年正書　李仔書　韓仲元記

元靈澤王祠記

在潞城縣陵至元五年正書　宋渤撰　李友直書　石匠

劉伯通題頌并刊

隋趙仁惠造象記

在黎城縣開皇二年正書

隋泰寶寺碑

在黎城縣開皇五年正書碑文剝落模糊難辨

唐王慶墓碣

在黎城縣開元十三年行書標題并題名皆篆書

沙門邈文并書並題牓

碑為唐王君王慶與妻張合葬墓表石形九棱八面刻字如幢柱非銘幽之文而從無著錄者此蓋年久沉埋土中近日始顯於世黎城知縣馬汝良訪而拓之案波磔流利神似曹全碑至唐碑中足稱神品已

出土較晚字畫極完整僅泐一字洵可寶也

宋靈应廟牒記

在黎城縣宣和六年正書　劉執中記

金龍祥觀記

在黎城縣大定二十五年正書　王大用撰　靳元冲書

路享（郭）篆額

元黎城眭廟記

在黎城縣延祐五年正書　植秉中撰　□繼昌篆

王堂智七

魏程哲碑

在長治縣袁家溝村天平元年正書

此碑於近年始經人訪得摩崖刻高四尺許字三十二行行四十五字楷法勁整雖結體甚小摩崖刻艱于運刀鋒鋩少鈍而完好僅闕數字殊可貴也　此碑雖晚出以考曹魏故實固不能無誤而以證元魏官名地名則合此頗多未可謂為贗作

按此碑已封於廣胤菴塔內不能摹搨殊為可惜 五年十一月二十三日詳慶簽於長治縣公責分局

隋舍利塔銘

在長治縣仁壽二年分書

唐梵境寺舍利銘

在長治縣官莊寺儀鳳三年正書張毅製文戴安業書 碑末行題其文齊州學仕張毅製之十字

通志金石記唐儀鳳三年賜潞州刺史賀拔正舍利四十九粒正與長史崔承休司馬戴安業藏寺內舊塔下為舍利銘刻石寺塔久廢萬歷間居民取土得舍利

並石潞定王湜光爲建塔於昭覺寺東長治縣志潞王
建塔時並碑銘瘞其下歲久寺圮塔夷爲田同治中
爲耕者所啓石梵深固衆莫斷聞於郡守守命掩覆
光緒己卯纂脩邑志志局諸人始發其梵得石刻四具
二爲僧墓冢名無識一爲碑一即此碑此碑行書有諸
歐法隋碑乃楷隸時雜篆體

宋寶雲寺碑

在長治縣南五十里內王村天禧三年行書　張儀鳳撰

沙門守通書

宋王舉元柏谷山詩

在長治縣東山嘉祐七年正書　男諮書　喬世林忭諦

宋和王舉元柏谷山詩

在長治縣嘉祐七年正書　錦標　沙門參齋書

宋柏谷山詩碣

在長治縣東北十里　治平四年正書　吳中復一首

陳述古一首　陳知遜書

宋重修五龍廟記 在長治縣 紹聖元年正書 李表行記 李佐書 令狐充也篆額

金寶云寺佛殿記

在長治縣王村皇統四年正書 張曦記 沙門法滿書并篆額

金雄山先師殿記

在長治縣大定二十三年正書 李淋篆 李鈞書丹 秦果撰

金修大安院記

在長治縣蔭城鎮大定二十三年正書 李鈞撰

秦果書丹 郭琫篆

金寶云寺詩碣

在長治縣大定二十五年四月 張極撰 吳希尹書

金五龍廟祈晴記

在長治縣明昌四年八月

元重修西嶽廟記

在長治縣至元十四年五月 范子虔篆 書丹郭僉

靳元法

元長治重脩孔廟碑

在長治縣至元三十年正書　王國器撰　崔玉書丹并篆額

元重修五龍廟記

在長治縣五龍山　元貞二年正書　杜光佐書丹　程西文篆額　楊仁風記

元長治重建文廟記

在長治縣大德十一年正書　李徑國書丹　范子虛

篆類

元夫塞詩

在長治縣泰定五年 蘇舜欽書 按詩為孫沖撰

見潞安府志

元五龍廟禱雨感應記

在長治縣天歷二年正書 張惟寅篆額 籍敬書

元五龍王感應記

在長治縣五龍山至順三年正書 曹太素撰并篆

䫤郝庭用書

元觀稼軒記

在長治縣五龍山　至正三年正書　蕭孝書丹　靳居仁

篆額

重修會應王廟記

在長治縣五龍山　至正三年正書　元郢書　閆仲榮

篆額　韓略書丹

元劍鑿龍井記

在長治縣至正四年正書　王理撰　周伯琦書　王守
誠篆額

元崔□舉等德風亭碣
在長治縣至正四年正書

元五龍神像記
在長治縣至正五年正書　李可行題　靳居仁書并篆

元禱病感應記
在長治縣至正五年正書　周泰記

元洪福禪院碑
在長治縣西李村　至正九年正書　釋氏瑾守直文
沙門洪通篆額　李健書丹
元西嶽廟供物記
在長治縣至正十一年正書　李克書　李庭適記
元忽都帖木兒德政碑
在長治縣至正二十一年　晋鵬撰　李宗器書　桂敘學
篆

唐鄭東王石塔記

在長子縣咸亨四年八月

唐白鶴觀碑

在長子縣垂拱二年正書額題分書

此碑上截尚完好下截剝蝕大似昭陵諸碑按金石錄

唐白鶴觀碑正書無書撰人姓名即此碑惟正書與

分書殊異然初唐人字體本近分書或因額分書致誤均

未可知葉九來將爲兩碑過矣　碑陰未見搨本

宋法興寺新脩佛殿碑

在長子縣元豐四年正書 王益柔記 畢仲芳書并題額

唐連簡墓誌

在襄垣縣天冊萬歲二年行書

通志引襄垣縣志石於道光初出土序十六行銘七行

文沿六朝俗習字並篆草行三體縣令張力卓仍封此碑

於墓內別立碑其上 石刻在縣城西十五里其東三里

桃園元集賢學士連肇墓又東二里東鎮明建文御

史連楹墓誌則連簡北治襄垣諸連之祖歟

宋紫巖院大悲殿記

在襄垣縣元祐四年正書　張商英撰　范子奇書

宋薄酒醜婦歌

在襄垣縣行書　此刻近年始出有江南黃庭堅述懷江南黃庭堅作等字出於文字見於晉中碑版者有元祐東齋祠碑等此刻或非贋作也

金襄垣縣脩城記

在襄垣縣天會十一年正書 楊舟記 張士行書并篆

額

金座中銘

在襄垣縣大定十八年正書 喬宸書撰

金寶峰寺記

在襄垣縣大定二十三年正書 康吉甫撰 毛麾書丹

唐鄧恢墓志

在屯留縣西二十里鄧村咸亨二年正書

屯留縣志乾隆四年縣西北二十里鄧村土地廟後因築場得此始知鄧村之所由名

唐常舉墓志

在屯留縣萬歲通天元年正書　石於同治年出土在縣西十里魏村

唐姬素墓志

在屯留縣聖曆二年正書　石於道光中出姬村西北里許石佛寺志不書姓據村名知為姬志其別

唐彭岑墓志在屯留縣開元二十一年正書誌石於同治年出縣西十里壹家莊

辥字如器作䨺痛作甬画作重皆奇飾如虎衆等字亦非今辥

唐王德墓志

在屯留縣開元三年正書石於嘉慶年掘出在縣西南十五里長濟嶺東驛路即余吾驛

宋東應廟牒

在屯留縣北三里龍潭上崇寧四年行書

宋東應廟牒記

在屯留縣崇寧五年正書 許尚志題 王誥書

元耦澤村孔廟記

在屯留縣至正十八年正書 翟祺撰 李蓮賢書 張
紀篆

隋張村造象記

在壺關縣開皇十三年正書 石分五層文刻首層存
二十六行二層三層並刻佛像七區每區之旁皆有題
字九行四層題名八行與三層字相接五層題名二十

一行碑陰刻妙法蓮華經普門品五百餘字

唐樂氏二女父母墓碑

在壺關縣南九十里櫻桃掌乾寧元年正書 張瑜

撰 馮□書

宋廣惠寺暨洪濟禪院牒

在壺關縣太平興國八年正書

宋靜軒記

在壺關縣署 熙寧五年正書額題篆書 范鉞記

謝宗孟題額

宋真澤廟牒

在壺關縣政和元年行書

宋紫團三十六景詩代續記

在壺關縣政和六年　宋政和中王寀作寀字輔道士法神奇泉刻十二石呂揭今累便埋於山巔後人蹤跡搜之止得八石嵌於慈雲寺壁間後止存四石順治中知縣朱捕移置學宮不知何時石又亡去乾隆辛

亥訓導呂天培搜訪僅獲一石因嵌之文昌祠壁

金福嚴寺牒

在壺關縣明昌四年正書

元真澤廟記

在壺關縣神郊村至元七年正書　宋勸記及書

李澤氏題額

元大覺院興修記

在壺關縣内王村四家池至元十七年正書　韓仲

元撰　鄭毅書

元玉皇七佛廟記

在壺關縣　至元十八年正書　韓仲元撰　張國元書丹

元壺關文廟十哲記

在壺關縣　至元十八年正書　教諭郭國維　郭祖

儀書　王天祐記

元靈澤王廟碑

在壺關縣北關　皇慶元年正書　王天利撰　馬文美

書丹 秦天爵篆額

元慕安永廟碑

在壺關縣南城頭村致和元年正書 李晦撰文并

書丹 楊振篆額

元望宵亭記

在壺關縣天歷三年正書王天利記

元廣禪侯廟碑

在壺關縣四家池至順四年正書

元永濟橋碑
在壺關縣東固壁村 至正十一年五月 程覃直撰
董尚文書丹
北齊陽河故縣造縣記（東）
在晉城（古名鳳台）縣河清二年正月
唐□元素爲男山俾乞壽記
在晉城縣神龍二年正月
此碑係自廠肆爲仁和褚小亭觀察搨本手書識云

口元素爲男亡（僞）壽記口元壽三字未見原記記文誤

句亦極鄙俚

唐權徹琵琶泓詩

在晉城縣天寶五載行書 權徹詞 王行書

唐楊口仙造陀羅尼經幢

在晉城縣天寶十二載正書

唐紀彌勒菩薩上生變讚

在晉城縣寶歷二年正書 侯政書 縣志沙門紫

羽撰文字俱古雅可愛

唐龍興寺造上方閣畫法華感應記

在晉城縣太和七年行書 寺上座大德道振撰 門徒暎書

唐澤州刺史皇甫璟造金剛經幢

在晉城縣開成元年正書 碑在縣明道寺院文昌祠東夾

室 道光丁亥知縣事新城王允楚出諸土有記文一首

唐王劉趙珍等造陀羅尼經幢并序

在晉城縣開成四年正書 處士趙洞微述文並書

唐慧峰和尚塔記

在晉城縣乾寧二年正書 碑兩面刻一心經一表

唐廣福寺經幢

在晉城縣天復三年正書

唐開元寺銅鐘記

在晉城縣天慶觀 天祐十一年正書 陰文共李嗣昭

苑鐘四尚存其一

唐郭存塞造陀羅尼經幢

在晉城縣天祐十八年正書篆額

五代史朱溫篡唐太原淮南仍稱天祐淮南至十五年改武義太原至十八年改同光唐號至此始亡存勗造幢於十八年明年即革唐號矣

唐睈臨庵造象幢

在晉城縣東義村正書　今拓本漫漶惟西經略軍四字可辨

唐硤石山上方院記

右晉城縣正書

後晉智辨遺佛院上生經幢

右晉城縣元泉寺　天福十二年正書

天福十二年後漢高祖元年也晉高祖天福共八年出帝改元開運至此四年矣漢建國而未有國號舍開運而稱天福十二年甚無義理

宋重修魏孝文皇帝廟碑

右晉城縣大中祥符二年正書　劉淳文并書篆額

宋資聖寺牒
在晉城縣大陽鎮 天禧四年正書

宋龍堂記
在晉城縣 天聖九年正書 額題篆書 夏侯覩撰并書

宋福嚴院晏知止題名
在晉城縣 元豐八年正書

宋青蓮寺石柱題記八段
在晉城縣 元祐四年正書 自宋元祐迄金承安

宋福嚴院王元等題名

在晉城縣紹聖三年正書

宋琵琶洞題名

在晉城縣城天慶觀紹聖四年正書

宋石柱題記

在晉城縣元符元年行書

宋福嚴淨影山塢記

在晉城縣崇寧四年正書

宋重建治平院記

在晉城縣崇寧五年正書　沙門永慶撰

宋湯王殿之亭詩

在晉城縣大湯鎮宣和二年正書　劉泳題並序

劉昇書

宋青蓮寺陳竹菴等題名

在晉城縣宣和四年正書

金三嵕廟記

在晉城縣盤龍山天眷元年正書盧璪撰并書

金湖公和尚塔幢

在晉城縣皇統元年正書

金普照禪院牒

在晉城縣巴公原大定三年行書

金峽石山福巖禪院鐘識

在晉城縣大定三年正書

金福巖院重修佛殿記

在晉城縣 大定四年正書 僧閒極撰并書

金澤州裴刺史祠堂記

在晉城縣 大定十七年正書 劉惠撰并書題額

此碑係重和二年隸書碑石斷折字漫滅大定十七年鄉人

張磋姚孝先遹河李滈重刊隸以楷書在石碣重刊

而楷神湧現尚有虎賁中郎之嘆

金旌忠廟牒

在晉城縣明昌五年行書

金祭裴忠烈公文

在晉城縣城明昌五年行書　許安仁書并題詩碑陰

金福嚴院許安仁詩

在晉城縣明昌六年草書

金青蓮寺詩碣

在晉城縣承安五年行書　許古道真題

金崆峒山巖辟題詩

在晉城縣泰和五年行書　楊庭秀題

金硤石福巖院碑
在晉城縣泰和六年正書額題篆書 郭俁篆額
楊庭秀撰并書
金松嶺寺詩碣
在晉城縣泰和六年草書 楊庭秀題
金法輪禪院碑
在晉城縣泰和六年正書 楊庭秀撰并書 李俊民篆
額

金景德寺牒

在晉城縣高都鎮泰和八年行書

金宋雄飛題詩碣

在晉城縣崇慶元年行書

金牛文郁詩碣

在晉城縣興定五年正書

元澤州長官段公墓碑

在晉城縣至元二十七年正書 篆額 劉因撰并書

李涵篆額

元弔武仙詩

在晉城縣天井關文廟大德四年正書　李孝先題

武仙金末名將官恒山公

元松嶺寺詩碣

在晉城縣至順三年正書　張復亨題　申文郁書丹

元法輪院善法堂記

在晉城縣至順三年正書額題篆書　張鉉篆額

劉復亨記并書丹

元天井關孔廟李良記

在晉城縣元統二年正書 野仙撰（雒口亮） 馬駙馬書丹

元福嚴院法藏記

在晉城縣青蓮寺後至元二年正書 賀祿撰并書

元觀音堂遺蹟記

在晉城縣青蓮寺後至元二年正書 賀祿述并書

元忽都帖木兒禱雨記

在晉城縣至正二十一年正書　□推中書　高昌氏桂童記

元禱雨獲應記

在晉城縣至正二十一年正書額題篆書　白推中撰并書　王昆篆額

元龍王感應記

在晉城縣至正二十二年正書額題篆書　劉貫撰　楊子宜書并篆額

元雲貞觀碑

在晉城縣小析山湯王廟　至正二十四年正書　焦允中撰　焦文苑書　趙思明書額

元旌忠廟記

在晉城縣至正二十五年正書篆額　河馬丹書　孝思敬篆　歸暘記

元文昌行祠記

在晉城縣　至正二十七年正書額題篆書　張衍撰

宋孔子書像碑

在高平縣 元祐三年正月 張持記書并立石

元米山宣聖廟碑

在高平縣東十里泰定二年四月篆額 牛口月 宋翼

溪 口貞篆額

元高平歸正學田記

在高平縣至順三年正月 王謐撰 元凱書丹 任

戴篆額

元宋翼碑

在高平縣至正十七年正書　歐陽玄撰　趙期頤

書并篆額

宋玉皇行宮碑

在陵川縣下壁村皇祐五年五行書　馬祥撰并篆額

助筆書碑人李慶

金古賢寺彌勒殿記

在陵川縣南九仙臺正隆四年正書　趙安時撰　仇

天祐書丹 邢天祺篆額

金龍巖寺碑

在陵川縣西南二十里東川鄉義泉里大定三年正書

趙安仁撰 中洙書丹 趙稷篆額

金重修二仙廟碑

在陵川縣大定五年 行書 趙安時撰 王良翰書

程良佐篆額

金晉陽里湯王廟記

在陵川縣大定五年行書 趙執中舊撰 趙夔篆

額 任甫書

後周龍泉院前後記

在陽城縣海會寺 顯德三年正書 額篆書 徐倫

撰 王𣂷可後序并書 沙門師誠篆額

宋龍泉禪院田土壁記

在陽城縣 太平興國七年正書

宋壽聖院碑

在陽城縣元祐七年正書額題篆書 僧善仁模并
書薛孝篆額

宋析山謝雨文

在陽城縣大觀四年正書題首篆書

宋勑賜嘉潤公記

在陽城縣南七十里政和六年正書每行下缺

金千峰禪院碑

在陽城縣皇統三年正書 李東篆額

碑前後刻唐明宗賜千峯禪洪密三勅後刻金皇統三年立石文盖唐勅至金方勒石 承唐碑下碑舊在雲泉寺康熙壬寅寺毀碑石亦燬今所存搨本乃康熙壬戌嵗寺僧惠衍所摹刻

金海會寺宴集詩碣

立陽城縣大定七年正書 李宴何虞楊之休鄭疇劉迮彥 郭方書

金海會禪院汁畫記

在陽城縣大定二十七年正書 蘇瓘撰并書 馬翼

題額

金海會寺詩碣

在陽城縣泰和五年正書 徐守謙題 楊天衢書

元重修太清觀記

在陽城縣己酉年正書 李俊民撰 楊昆書

元重修道祀堂碑

在陽城縣中統五年正書 張貫輔撰 石麟書

元成湯東廟記

在陽城縣析城山泰定二年正書 額題篆書 宋翼撰 孫德昌書丹 王時中篆額

元清風亭記

在陽城縣後至元三年正書 額題篆書 衛元凱撰 孫□昌書丹 郭楷篆額

元湯廟禱雨碑

在陽城縣後至元四年正書 衛元撰

元重修開福記
在陽城縣至正九年正書額題篆書
元趙繼祖興學記
在陽城縣至正十四年正書額題篆書　李聯撰并書
申仁篆額
唐檣山浮圖讚
在沁水縣端氏鎮大雲寺開元二十五年正書　張不孤
撰　解庄書

宋大雲禪院記

在沁水縣元祐八年正書　僧善仁書

元法隆院佛殿記

在沁水縣至正二十年正書　呂本撰　沙門行碩書并篆

金大雲禪院碑

在沁縣西郭村貞祐三年正書　董應撰并書丹

元解山兒廟記

在沁縣至正二年正書　陳繹曾記并書　潘迪篆

宋天齊仁聖廟記

在沁源縣 元祐五年正書 齊仲默撰 住持書 王

安國篆題額

金太清觀記

在沁源縣大定十四年正書 趙題篆書 喬康撰并

書 左光慶篆額

宋大雲寺牒

在武鄉縣西六十里故城鎮 治平元年行書

宋應感廟牒

在武鄉縣政和八年行書

元昭澤王事蹟銘

在武鄉縣大德元年正書　王汝楫撰　任震書丹　史

道遵篆額

元潞州學斯文樓記 在潞安府學大德七年正書郜頡書 陳普篆額 楊仁風記

潞安府屬 潞城 黎城 長治 長子 襄垣 屯留 壺關

金興學賦石刻

在潞安府學 承安三年行書

元重修宣聖廟記

在潞安府學 庚子年正書

元西嶽廟靈應記

在潞安府崔府君廟 癸丑年正書 申具撰

弋轂英書丹 郭國林篆額

元李孟五龍祠詩碣

在潞安府　皇慶元年正書　劉敬立撰　許天麟書

楊恒篆額

元重修潞州廟學記

在潞安府　泰定二年正書　賈志道書

元神霄玉清宮記

在潞安府　至順元年正書　御製御書

元昭覺寺記

在潞安府 至正二年正書 沙門文璀記并書 沙門
文珪篆額

元德風亭詩敘
在潞安府署 至正二年正書 元凱撰并書

元潞州學田記
在潞安府學 至正四年正書 宋渤撰并書

元五龍祠靈府記
在潞安府 至正九年正書 李庭道撰 張肅書

并篆額

澤州府屬晉城 高平 陵川 陽城 沁水

金左泌德政碑

在澤州府署大門內 皇統三年正書 程寀撰

李偲書 此碑書文俱佳

雁門道屬碑目

山右碑目

雁门道

大同 渾源 廣靈 靈邱 天鎮 陽高 應縣

山陰 懷仁 代縣 五台 繁峙 崞縣 忻縣

定襄 靜樂 右玉 左雲 朔縣 平魯 寧武

五寨 神池 偏關 保德 河曲

金華嚴寺薄伽藏記

在大同縣 大定二年 段子卿撰 沙门法慧書

張公嶽篆頌
金普恩寺大殿記
在大同縣　大定十六年正書　朱弁記　丁暐仁
篆額　孔固書
金普恩寺重脩碑
在大同縣南寺　明昌元年正書　党懷英篆額
□書
元華嚴寺明公和尚碑

在大同縣 至元十年正月 住持襲祖弘真老人
祥邁撰 田介篆額 悟圓書
元脫脫和林李公孝思碑
在大同縣東大莊村 至正元年正月 額題篆書
李庭實撰 張起巖書 謝端篆
元大同歲底碑
在大同縣 至正二十一年正月 額題篆書 楊元
□祥□□書

元懸空寺記并詩

在渾源縣　大定廿六年　行書

元重修律呂神祠記

在渾源縣北七十里　後至元五年正書　額題

蒙古　麻治撰

遼慈雲寺舍利塔記

在天鎮縣城　開泰八年正書

北齊衛潚造象殘碑

河清三年正書　按此碑光緒甲申洪瑞山海洪瑞姓
始得之藏其家失去石下截此旁亦不全並佛象亦
失之僅存十四行字體方整測其參文斷句闕畧
造象而文義不依當北村俚所作白辭不一完惜哉

唐盧全友造象記
今藏山陰洪瑞姓家開元五年正書

宋五台山燈台頌
在代縣　至道三年正書　張處貞撰

元柏林寺音王影堂碑

在代縣西七里　至正十五年正書

元劉會碑

在繁峙縣宋峪村　正書　王正誠書

元王氏世德碑

在繁峙縣　皇慶元年正書　劉敵立撰　許天麟

書　楊恒篆額

元殷珍墓碑

在繁峙縣東莊村 至順四年正書 歐陽玄撰

偈傒斯書 張起巖篆額

元王氏塋銘經幢

在繁峙縣睦水村 傒勵撰 張溓書丹

元官水磨記

在繁峙縣 至正二十二年正書 歐陽溓撰并書丹

宋馬万羣志

在崞縣申村 元祐三年正書 賀霖撰 張世霖

寧書

金元頭澤祠記

在崞縣　泰和五年　牛國瑞撰　張壽書丹

元李君墓志

在崞縣　壬辰年正書

碑末題維大蒙古國魯壬辰歲律應林鐘蓂生

十一葉良時崞州節度判官孝男居禎建蓋元至

世祖始建國在憲宗前所刻之碑故多署大蒙古大朝

等號

元朝元觀記

在崞縣　丁未年正書　孫天錫篆額　王倚仁書

遺山真隱記

未署遺山真隱記即元好問別號也金末文人別號多四字一時風氣使然亦遺山亦所不免然僅用之寺觀刻石又書之文末不似他人竟同於結銜也

魏劉懿墓志

在今忻縣　興和二年　正書

墓在忻縣西九原岡上，道光間土人掘地出古玉數事，州人崔氏購得其石，復拓數張，其一面並通體完整，只缺八字，筆法頗類鍾太傅，元魏碑碣無多，此出土較晚，未爲諸家著錄，良可寶貴也

唐柳真召墓志

在忻縣　乾元二年　正書

金獨捷靈顯王廟碑

在忻縣西南二十里獨捷山上　皇統二年正書　額題篆書　段安疆撰　楊挺書并篆額

元公孫村記

在忻縣　至元十六年正書　沙門行俊書丹　安君璋刊并篆

元元好問墓碣

在忻縣韓巖村　至元十九年

元元好問墓銘

在忻縣韓巖村 大德四年正書 郝經撰

楊桓篆額

元福田寺功行記

在忻縣至順元年正書 車栢南撰 圓明大師

文興篆額并書

宋東嶽廟碑

在定襄縣 大中祥符九年行書 王具撰集王羲

文書并篆額

宋重修鎮國寺記

在定襄縣慶歷四年正書 額題篆書 孫碩撰

并書

宋打地和尚塔銘

在定襄縣 元祐五年正書 額正書又蓋石艸書

張商英撰 孫參書額 曹秉書額 董服叙題額

宋靈顯王廟記

定襄縣 宣和五年正書 郭□□記 男吉惠題額

金郭郛墓志

定襄縣芳蘭村 崇慶元年正月 趙元撰

并書王忠義

元張安寧墓表

定襄縣邢村 壬寅年正書 元好問撰見通

志金石記此文遺山集不收道光中定襄某太

守重刊元集竟未補入尤可怪

元周獻臣碑

在定襄縣南王村　至元二十六年正書　王利用撰　周宗文書丹

元重修睢阜祠記

在定襄縣　大德十一年正書　李冶撰　耿世傑書丹　王博文題額

元姚氏先塋記

在定襄縣　延祐二年正書　王舜撰　趙孟頫書丹篆額

李孝先書丹

宋天慶觀碑

在靜樂縣大中祥符八年正書

元管州周公記

在靜樂縣至元二年

元郭泰銘

在靜樂縣至元二十年正書 邢周撰 成時忠書

元玉律徒德政碑

在靜樂縣　至元二十九年正書　宋傑撰　郝
祚書丹

遼甯筌墓志
在朔州鄂公祠　乾統十年正書　虞仲文撰

宋樓子山題名
在寧武縣　元祐六年正書

金昌甯公廟碑
在寧武縣界定河村　泰和八年正書　張守愚記

劉仲寬書丹

遼武州經幢

在五寨縣 大康五年正書

元宋読寺記

在河曲縣 皇慶元年正書 吉天英纂頌 何守謐書丹 柯趾摸

山右碑目

魏鹿登等三十三人艁像記
孝昌二年正書

北齊李買造像記
天保四年

北齊鄭李茂六十一人等造象記
武平六年

隋蘇遵造象記

開皇七年正書

脩康僧賢造象記

今藏馬家縣家仁壽三年正書

唐劉文卞等造象記

麟德二年正書

宋栖巖寺經藏記額上題刻五段

自元豐至政和 元豐戊午甲申 大觀戊子政和辛

卯癸巳 立周頤德栖巖寺經藏記額陰

宋郭璀題名

崇寧元年正書

宋文潞公墓道碑

正書 疑宋時所刻

元勉勵學校詔

至元三十一年正書

元加封崔府君詔

元貞元年正書

元儀氏先塋記

陳孚撰　察罕篆額　□忠佐書

元石公塋碑

今在□□□　至正三年正書　揭傒斯書

以上碑記均未詳存在縣名姑彙錄於後以備考

俟各縣籍貫查攷可也

河東道屬碑目

山西碑目

河東道

臨汾 曲沃 洪洞 鄉寧 安澤 浮山 翼城 汾城

襄陵 吉縣 解縣 安邑 夏縣 芮城 平陸 新絳

絳縣 垣曲 聞喜 稷山 河津 永濟 猗氏 臨晉

虞鄉 萬泉 榮河 霍縣 靈石 趙城 汾西 隰縣

永和 蒲縣 大寧

唐李公墓志銘

在臨汾縣 廣德元年 正書

此 州刺史李良金臺志道光丙午十三月平陽東關新寺

濬地得之石失一角銘闕二十二字餘俱完好

唐臨汾縣丁府君德政碑

在臨汾縣 咸亨四年二月 闕袪揆柳撰 正書 見志略

汾周印法華經記

在臨汾縣 廣順三年 見古林金石表

後周晉靜舍身記

在臨汾縣 顯德二年正書 大德藏瑩撰 沙门雲福書

宋定光佛舍利塔記

在臨汾縣 嘉祐二年正書額題篆書 薄洙撰

宋勅賜神虛洞崇道廟額記

在臨汾縣 宣和元年正書

唐史曎造象記

在曲沃縣大李莊石佛寺 顯慶四年正書

唐裴居儉造象記

在曲沃縣大李莊石佛寺　咸亨三年正書

元靳和碑

在曲沃縣　至元十七年正書　段成已撰　董文用書篆

唐王脩福扆志

今藏洪洞縣董觀察家　開元九年正書

臨汾續志道光年城內姜家於夜有異光土人掘之得

此石查沈通義有於後事神　近年出土陝志皆不及碑

中蘆帷作廬帷誤

宋鹿苑寺記
在洪洞縣治平二年正書 沙門來因述
金文拯大師功德幢
在洪洞縣城北承安五年行書
元楊遜墓碑
在洪洞縣高村至正九年正書 許肯嚴撰 趙承禧□
張起巖篆
元廣德真君廟記

元洪洞縣至正十一年正書額題篆書　韓宗延撰

皇甫亨篆額　張宙恒書丹

元段義墓碣

元洪洞縣至正十三年正書

元重修太師祠記

元洪洞縣至正二十五年正書　張守大撰并書

張宏題額

唐張善恩造象記

在鄉寧縣關廟 永隆二年正書

元后土廟重修記

在鄉寧縣城內壬寅年正書額題篆書 張安石撰

王丕欽篆額 李楫書丹

元重修玉蓮洞碑

在鄉寧縣戊午年正書額題篆書

元后土廟重修記

在鄉寧縣城內 元貞二年正書 田貴撰 曹淳書

丹井題額

元趙仲墓志

在鄉寧縣 大德元年正書 宋景祁撰

元蔚真廟碑

在鄉寧縣柏山 大德三年正書

元太帝廟碑

在鄉寧縣 至大四年正書額題篆書 崔章撰并

篆額 郭從被書丹

元岡廟記

在鄉寧縣至正十三年正書 王子謹書丹

元重修坤柔廟記

在鄉寧縣至正十六年正書 王士元撰 連修業題

額 劉□書丹

唐慶唐觀紀聖銘并碑陰

在浮山縣開元十七年正書 御製御書 碑陰自太

子鴻怡至張令信止皆題名

唐慶唐觀金籙齋頌

在浮山縣龍角山　天寶二年分書　崔明允纂　史惟則書　此碑字極完整僅泐二字王蘭泉所錄闕二二十七字當時所得拓本必有損蝕　書賦注史白廣陵人諫議大夫善飛白子惟則陶宗儀云名浩字惟則

後周玉兔寺羅漢遺蹟碑

在浮山縣顯德五年行書　學究王福新記

宋重鑄玉兔寺鐘

在浮山縣　乾德三年　行書　令狐果集

宋慶唐觀重修功德碑

在浮山縣　淳化元年三月　王千里撰　黄慶書

宋玉兔寺碑銘

在浮山縣　天聖八年五月　安石撰文　當寺修造主持

東京右街講論大德王應立石

宋康孝基題玉兔寺詩

在浮山縣天聖八年行書

宋天聖宮禱應碣

在浮山縣天聖九年正書 王惟正留題段見素立碑

宋寶雲寺經幢

在浮山縣明道二年正書

宋張仲尹題玉兔寺詩碣

在浮山縣明道二年行書 沙門靜芳集晉王羲之

書

此書尚不及絳州碑

宋王遇題玉兔寺詩碣
在浮山縣 景祐三年正書
宋玉兔鐘樓記
在浮山縣 紹聖三年 衛章記
宋重新堯廟象記
在浮山縣東八里 崇寧三年正書 李梃方丈丹撰
申暢篆額
宋龍角山頭施廟嘉潤侯敕碑

在浮山縣宣和七年正書

金重修紀雅亭碑

在浮山縣明昌三年正書　毛麾記　孔文周書丹

元鄆車烏衣閣

在浮山縣大德十年行書

元重修羅漢院記

在浮山縣至正十二年正書　段晶撰　段訥書

隋張仲脩造象記

在翼城縣北十方院 開皇五年

宋翼城文廟碑

在翼城縣天聖八年正書 文彥博撰 張會元篆額

張餘慶書

宋喬澤廟碑

在翼城縣南律高山政和元年正書額題分書 田瀨

撰并題額 龐長孺書

宋潞公軒記

在翼城縣政和七年正書 文彥博書

宋東廟記

在翼城縣宣和七年正書 丁彥師撰 田汝欽書

元復建岱嶽行祠碑

在翼城縣皇慶元年正書 額題篆書 賈之美書

并篆額 續執中撰

元題潞公軒詩

在翼城縣延祐四年正書

元廣祐和尚道行記

在翼城縣延祐七年行書　趙孟頫撰并書篆

元太平縣文廟賢廊碑

在太平縣今改汾城　至元十年正書　額題篆書

王惲撰并書　田伯英篆額

元太平重建孔廟記

在今汾城縣　至正二十一年正書　額題篆書　郭晉

撰　趙元善書　馮鈞篆

元訓義門記
在襄陵東張相村　至元三十一年正書　王惲書
元梁氏墓碣
在襄陵北大德四年正書　頫題篆書　張思溫撰
沙門日江并篆額
元重修師龍祠記
在襄陵縣延祐三年正書　張思敬撰并書
元襄陵朱氏廟碑

在襄陵縣東紫村　延祐五年正書　李孟撰　趙孟頫
書

元慶壽寺佛象碑

在襄陵縣至正九年正書　王士元撰并書篆

隋董將軍三十人等造像記

在吉縣開皇二年正書　此刻多磨泐後有金大定
十九年史麟等刻文

唐紫陽溪碣

在吉縣分書　碑未題開元□年

宋魏景博磨崖石刻

在吉縣政和八年正書

宋錦屏山石刻

在吉縣宣和三年正書

元吉州學鄉賢馮延登行蹟碣

在吉縣　至正十年正書　韓復生誌

元吉州學鄉賢楊貞行蹟碣

在吉縣　至正十年正書　韓復生述

元錦屏山詩

在吉縣　至正十二年行書　張以敬題

元劉尚質吉州詩

在吉縣　至正十六年行書

宋鹽池詩

在解縣　大中祥符元年正書　王禹偁題并序

宋興化寺牒

在解縣 嘉祐三年正書

宋興化寺佛殿記

在解縣西紅臉濟靜林寺 元祐三年正書 王基撰

王朋遠書 李光篆額

金國大王祖塔記

在解縣東二十里 大定十七年正書 張開謹書

元王惲題解池詩

在解縣 至元十年正書

元解州廨壁記
在解縣 至元十三年正書

元解州重修孔廟記
在解縣 元統三年正書 野仙撰 禹候齡書

元滿公菩薩重開古井記
在解縣 至正十一年正書 李中口印長老撰

元天寧萬壽禪寺記
在解縣 至正十二年正書 海印長老撰 洪口書

郝口冢

北周曹恪碑

在安邑縣北石碑莊　天和五年正書

按碑前九行中間剝落尺許失去七十餘字碑後五行亦多泐餘並文尚可讀金石萃編所录每行首尾皆有遺字及闕其譌今以舊拓本校之多于萃編所錄一百二十餘字又知其名為恪且正其錯訛若干字如遵德齊禮內遵訛作稟尊以前驅內以訛作引提戈按

墓內按訛作接方斯闕烏呂上句例之斷不作齊字

有感行孰內路訛作心毀疾之丘向毀訛作致措于夏

禹城之西句于訛作乎華編考訂亦殊未審

此碑與劉熱碑立晉中爲家書碑字秀拔如踰矩

作詎禪慧作惠僉篤作踰越去安之誤

唐靈慶公神祠碑並碑陰記

立安邑運城鹽池北貞元十三年正書碑額篆書

崔敖撰　帝縱書　並篆額　碑陰記劉宇撰並書

唐泛舟禪師塔銘

在安邑縣　長慶二年正書　泰允撰　薛穎書

宋解州鹽池新堰箴碑

在安邑縣　天聖十年行書　趹跌口集勒晉王羲之書　李家題篆

宋皇宋放商鹽頌碑

在安邑縣　明道二年分書　張仲尹撰　梁肇書

元蕭蔔蘭宣諭

在安邑　壬子年

元池神廟碑

在安邑縣運城　至元二十七年正書

元運城孔子廟記

在安邑縣運　大德三年正書　盧摯撰　石珪書

不叙木篆額

元封永澤王勅

在安邑縣運城　大德三年正書

元封廣濟王勅

在安邑縣運城　大德三年正書

元神池廟碑

在安邑縣運城　至治元年正書　王緯撰　劉

賡書　李孟篆額

元禱鹽池記

在安邑縣運城　至正七年行書

元駐亟鎮新城碑

在安邑縣運城　至正十七年正書　馬□□書丹

元□敬篆額

唐思道禪師塔志

在夏縣寺後村廣福寺　乾元元年行書

此志石質堅緻字畫完整無斷泐筆法類李北海

在小唐碑中足稱妙品

唐薛嵩碑

在夏縣　大歷八年分書　程浩撰　韓秀實書

長史會必秀寔善八分金石畧唐平棗頌墨本
編唐鮮于氏里門頌首秀寔八分書
唐禹廟什物記
在夏氏咸通九年正書　李㩦立朱弘書
後漢禹廟碑
在夏縣北十五里禹王城　乾祐元年正書　楊
篆祚撰并書
後漢思道和尚塔銘

在夏縣乾祐二年正書　大德守陞撰　崔處己書

宋司馬沇輓詩

在夏縣溫公祠堂　嘉祐元年正書　馬端撰　雷靈

書　通志金石　處書勁險絕倫當時無書名僅見

此碑

宋司馬沂墓表

在夏縣嘉祐五年正書　王安石撰　雷簡夫

書　楊南仲篆額　金石表云簡夫書往用柳法

南仲傳通古籀皆一時選也

宋司馬浩墓表

在夏縣涑水南原　熙寧三年正書　額題篆題書

從祖叔光撰　鉅天錫書并篆額

宋司馬浩墓表

在夏縣熙寧八年正書　從子光撰　邑正民書

宋耆英會圖並詩石刻

在夏縣　元豐五年正書　碑陰處附識云洛社耆

英會序俾屬先公手書並工鐫人鄭奐可尊天巧天

啓丙寅上元募勒於之貞珉　共七石　富弼七十九　文彥

博七十七　王尚恭七十六　趙丙七十五　劉几七十五

馮行己七十五　楚建中七十三　王慎言七十二　王拱

辰七十一　張問七十　張燾七十　司馬光六十四

溫公十八世孫處立

宋司馬光墓碑

在夏縣　元祐二年　正書

此碑元祐時王礎奉詔督摹刻從堅而作現存北嶽
明嘉靖三年侍御朱寔昌摹刻此碑末有山東順
德路唐山縣孫安彥刊行考宋金唐山縣明屬順德
路惟元地理志至元二年以順德府為順德路總管府
縣九唐山下隸中書省而中書省統山東西河北之
地也以唐山人刊是刱刻碑同隸中書省而東西不
同故曰山東順德路某人也大約元時已重刻明
又繙元刻耳

宋布衾銘

立夏縣元祐三年分書 司馬光篆書 經官勒石

宋禹王廟題名

立夏縣青臺禹廟壁 元祐四年正書 司馬旦 光題

金柳氏家訓

立夏縣溫公祠 皇統九年草書末題四行正書 宋司

馬朴書金摹刻見通志金石記

金重立溫公神道碑記

左夏州皇統九年正月　附司馬氏世表　王庭直

記　王昕書丹並題額

元加封大成碑陰頌

左夏州文廟延祐二年正月　鄧琦撰頌　張居中書

碑　湯田居敬書　何汝檝題額

元司馬光遠像記

左夏縣至治元年正月　李樺賓撰　補化書丹

郭貫篆額

元重修大禹廟碑
在夏縣 至正十四年正書 歐陽玄撰 韓鏞書 呂
思誠題蓋

魏老子祠造象記
在芮城縣蔡村鄭姓家 大統十一年正書

唐園濟和尚塔銘
在芮城縣 正書 韓詮撰 董光朝書

唐董昭墓志

在芮城 天寶六載正書 碑畫篆書

唐段干木廟銘

在芮城縣 貞元元年正書 盧士牟撰 趙彤書

唐龍泉記

在芮城縣元和三年正書 張鑄述 裴少微書

裴勛書頌

唐龍泉後記

在芮城縣 太和六年正書 鄭澤記 書人姚全

唐侯真人降生臺記
在蒲城縣西二里紫清觀側 咸通三年正書
宋塔寺脩法堂記
在蒲城縣 元豐六年正書 額題篆書 姚宗直并
書 李好問題額
宋太安寺額記
在蒲城縣南十里太安村 崇寧三年正書 額題分
書 李 題額 僧洪湛書 劉覺書

宋惠潤和尚塔銘

在芮城縣 政和元年正書

宋紫清觀牒

在芮城縣西門外 政和五年正書

金福智院記

在芮城縣 大定三年正書 頌題篆書

金龍巖禪院功德記

在芮城縣水門村 大定二十九年正書

金壽聖寺鐘樓銘

在芮城縣泰和五年正書額題篆書　許安世撰　許安上書　沙門尚懿篆蓋

元集全觀記

在芮城縣至元二十二年正書額題篆書

元芮王廟記

在芮城縣西十五里大德元年正書　額題篆書　何甫卿東夫撰　劉大節篆額　樊彥書

元眞帝宮記

在芮城縣柴村 皇慶二年正月 王道亨記 張道

備書丹并額

魏董成國等造像記

碑闕上截在絳州現改新絳 正光四年正月

魏張保洛等造像記

今藏新絳縣張鵠舉家 武定七年正月

北齊楊道善造象記

在新絳縣舊州署武平五年正書

此碑光緒戊子年土人於地中得之下截殘闕上

截存佛像二文多闕蝕不可讀

唐君臣造象記

在新絳州舊州署中顯慶五年正書

唐梁二娘造象志

在新絳州舊州署　天寶六載正書

唐羊尼彌陀讚

在新絳州張鵾舉家　天寶十一載正書　高子

珍書

唐黄公記

在新絳縣開成二年正書　碑刻在碧落釋文上截

李漢記　碑云高祖子韓王元嘉生譔列封黄公

與史合又按此記立於碧落碑爲黄公譔書

碑文摘錄

絳州道士觀其衆所詔碧落尊像□□石爲之其

背篆并書六百三十九字口是永隆中孝子李侯湛等為妣函冥福建也文辭宏贍篆文遒蹟奇古妙絕世傳李監陽文見口大漢并脈膚像下自時年不得影響口埶中以推〻之今有損蝕若奉北二口也並因是斯篆題於世競摹寫所謂口落碑也

唐碧落碑

在新絳縣舊州儀門 咸通十一年篆書碑陰正書

此碑篆文自集古錄金石錄 國史補廣川書跋 石

墨鐫華金石史金石存潛研堂金石跋尾皆有辨證宋人已莫能定為何人所書今絳州志碧落碑在州儀門內碑陰刻鄭承規釋文遭宋元兵燹殘裂祇隱有後人新刻一碑僅存形似並用此碑至今已非完本前清汪氏錢氏皆極言篆文之可貴而重摹已久究非原刻王氏以汗簡校之不合者頗多金石萃編承自咸通元年造象刻記至咸通十一年釋文刻石相距已二百十年又文一刻在澤

州保磨崖今不存

後晉斛律王廟記

在新絳縣 天福五年正書 張粲撰

宋重刻絳守居園池記並序

在新絳州舊州署儀門 景德元年正書 頟題篆書

耿說篆額 孫中選 韓琪書 原記樊宗師撰

宋絳州重修夫子廟碑

在新絳縣文廟 天聖十年行書 李垂撰集王羲

之書逸民昳趺望集刻　從醒教序書及卬石模刻
形似之外風流都盡矣
宋薛睦墓表
在新絳縣至和元年正書歐陽脩撰
宋梁軌祠堂記
在新絳縣鼓堆村　治平元年正書薛宗儒撰
鄭輔書
宋新亭叟並苗碑

在新絳縣舊州署儀門 元符元年正書 張燾記

李庭堅書

宋思堂記

在新絳縣舊州署儀門 崇寧二年正書 徐常記

梁寅祖書并題額

宋潛心堂記

在新絳縣舊州署儀門 宣和三年正書 李皓記

男文中書 張旂題額

金斛律光墓記

在新絳縣 大定二十年正月 孫鎮記 石守貞書

金絳州衙門記

在新絳縣 大定二十三年正月 張之綱撰

元清應真人碑

在新絳縣 至元二十六年正月 李槃撰 李永

和書丹

元靳和碑

在新絳縣 大德二年正書 姜文用撰 李溥光書

楊桓篆額

元西禪院產業銘

在新絳縣 大德二年正書 沙門相吉祥書丹

元重脩宇惠宮記

在新絳縣 至正三年正書 額題篆書 邢德昂書

丹并篆額 趙友正記

元表梁執水利碑

立新絳縣至正三年四月書 張立興撰 賈魯書
并題額
元絳州進樓記
立新絳縣至正三年正月 張□興撰 賈魯書并題
元彭克明絳州去思碑
立新絳縣至正十四年隸書 劉尚質撰 奧屯慎書
丹 孫好義墓
元聖母廟禱雨碑

元新絳縣 至正十五年正書 額題篆書 趙恒撰
張昌書并篆

元垣曲文廟記
元垣曲縣 大德四年正書 宋景祥撰 張國鈞書丹
并篆額

元興國寺碑
元垣曲縣安民街 至正十五年正書 宋克篤撰

元河清記

在垣曲縣界 至正二十二年正書 程徐記并書

趙敏題額

魏毋邱氏造象記

在聞喜縣邱村 正書 題名五石記文一石

題名五石在邱村黄花洞此洞前爲寺而洞口在

毋邱山腹深窠可測 記文三十行在邱村西門

外大半偏土土人目爲補其村口風水不聽拓視

得振寄之僅石尚長而斷者雖剥泐不漫成文

其拓片猶架上在目也

北齊張祖造象記

在聞喜縣東鎮　天保四年正書

此石景州戈履微訪得之書雜隸體北賦作北隱陛下作陸下皆通字北朝造象多村民所為不足辨也

北周檀泉寺造象記

在聞喜縣寺底村　保定二年正書

按石光緒初元縣人楊深秀潘夢鳳共自地中掘

出北杜村依山有泉可溉田二頃水經注之仲郎鄠
中寺名檀泉推佛家語爲建因此泉名之耳寺已
毀無復遺跡

唐裴鏡民碑
在聞喜鄉裴柏村晉公祠貞觀十一年立
李伯藥製殷令名書金石錄令名與其子仲容
皆以能書擅名一時

唐蘇昱德政碑

在聞喜縣東鎮　正書

上闕元口書　此碑自來無著錄北同治癸酉某冊戈履徵始訪得之文一千六百餘字剝落二百餘字下缺為秀工書立鑿以為楷法矣行失七五字履數訪得此碑時剝落不及百字并知書碑姓名元忠今則剝二百餘字元忠字亦不復見

唐裴光庭碑　勅

在聞喜縣　開元二十一年　行書

聞喜縣志載明皇命張九齡撰明皇書

唐裴光庭碑

在聞喜縣聞之二十四里行書

元宗御書　□□□奉敕撰碑下截已缺據拓本量之高廣三尺二寸廣三尺七寸三十行行三十六字通志金石略云此碑亡蓋未見拓本爾

寶刻類編元宗書光庭碑張九齡撰李林甫題額

唐移置唐興寺碑

在聞喜縣上東鎮　開元六年分書　許景先撰　王倕師□書

唐隸自明皇力趨妍媚漢法寖盡此碑書於開元而不廢時習筆法清勁如折刀頭猶是中郎之虎賁也

唐景雲觀天尊碑

在聞喜縣東五十里觀底村貞觀八年正書　額題

隸書　文翰嚴書作北魏體　無撰書人姓名　碑陰
有字未見碑在集雲觀內

唐王守忠經幢

立閣奉勅永泰元年

唐福田寺置淋院碑

立閣袁郊太和六年正行　檀机柔揆　裴少慶書

書法遒勁頗類李北海乃近在外郭而無甄録及

之者洪家兼收亦不及亟宜表而出之唐太和年

號錢竹汀辨爲大和證之此碑良然

後周重修聖母廟碑

在聞喜縣東四十里董澤廟　顯德五年正書　董玭製文

宋保寧禪院經幢

在聞喜縣東鎮　開寶七年正書　比丘緣海書

宋后稷廟碑

在聞喜縣北門外　太平興國三年正書　頡題篆書

許□□篆　楊□中書　碑文殘缺存字無多

宋重建湯廟碑

在聞喜縣店頭村 太平興國四年正書 張侍問撰 吴拙書

宋保寧禪院記

在聞喜縣淳化元年正書 楊緘述 僧智演書

宋保寧寺經幢

在聞喜縣淳化二年正書 僧智演書

宋廣興寺經幢

在聞喜縣天聖六年正書 書經僧惠潑

同寫人馮太簡

宋崇真觀碑

在聞喜縣西關 天聖九年正書 喬林撰

張建宗書并篆額

宋后土廟碑

在聞喜縣郭家莊 慶歷七年

宋聞喜縣夫子廟碑

在聞喜縣 皇祐五年正書 李垂撰并書 李周

民題額

宋脩武安王廟記

在聞喜縣西關 政和七年正書 阮升卿撰

呂虔史書 李師授篆額

金葺文廟碑

在聞喜縣東鎮 天眷元年正書 額題篆書

賈夔撰 滕詡書并題額

金太清觀牒

在聞喜縣東宋村　大定三年正書

金裴氏族譜石刻

在聞喜縣　大定十一年正書　靳愿書

金大雲禪院碑

在聞喜縣　大定十三年正書　頡延豪書

金唐興寺經幢

在聞喜縣東鎮　明昌六年正書

元王復成墓志

元東華觀記
在聞喜縣
癸丑年正書額
題篆書
飄蓬白者撰
名子德
孟志明書丹

在聞喜縣 戊戌年正書 王□撰 姊□□書

元長春觀記
在聞喜縣 丙午年正書 薛邦榮撰 昌黎府
吉謹書丹

元興真觀記
在聞喜縣 己未年正書 額題篆書 法師秦尚志述
末羽杜天倪書丹篆額

元三靈侯廟像記

直聞喜縣上鎮　中統四年正書　額題篆書　昌黎

裔志謹撰并書丹篆額

元聞喜重修廟學碑

直聞喜縣至元十一年正書　王惲撰并書　鄧壽

篆額

元聞喜補修宣聖廟碑

直聞喜縣延祐七年正書　呂希才撰　張希

良書

元董澤書院記

在聞喜縣 至順四年正書 額題篆書 虞集撰

張昇書 李伉篆額

元伯王廟碑

在聞喜縣趙村 至順四年 張希良撰并書

元八撒兒德政碑

在聞喜縣東鎮後至元三年正書 張畋撰

張希良書

元洞霞觀記
在聞喜縣張家峪 後至元三年正書 柴得題撰
吉元德書 韓思遠撰

元廣教禪院碑
在聞喜縣 後至元六年正書 張孝隆撰 李翊書
陳嵩篆 重書丹 安定國 此宋碑元重刊

元聞喜縣湯王廟碑
在聞喜縣東関 至正元年正書 張敏撰 男白

張書 男閆默篆額

元然神伯里闊不花碑

在聞喜縣東鎮 至正五年正月 孛术魯翀撰

許思敬書 張起巖篆額 附許允愼氏世表

元景福院記

在聞喜縣 至正六年正月 白雲老人撰 陳顥篆

額 張仲壽書 按白雲老人即察罕元史有傳

元興真宮記

立聞喜縣　至正十三年正書　王復初撰　文使祥

篆額　張希良書丹

唐裴耀卿碑

立稷山縣仁義村　元和七年分書　許孟容撰

歸登書並篆

宋義宗和尚塔記

立稷山縣　元至五年　正書

金康樂亭記

在稷山縣署　正隆四年正書　趙澧書

金段鐸墓表

在稷山縣平隴村　泰和二年正書　張□□撰

王□□書

金段季良墓表

在稷山縣　泰和二年正書　李愈撰　裴國燕

子丹并篆額

金段祓碑

立稷山縣泰和三年正月　李金撰　裴國崇
書丹并篆額
元天真觀記
立稷山縣庚戌年正月　□□□撰　李國用書丹
并篆額
元陳規墓表
立稷山縣至元十一年正月　杜灝篆額　張德行
書丹

元洞神宮碑

在稷山縣　大德五年正書　郝叔揆并書

元姚天福謚議碑

在稷山縣　至順四年正書

元姚天福墓表

在稷山縣南陽村　元統元年正書　虞集撰并書

篆額

元三靈侯歷代封號讚

在稷山縣至正十四年正月

元廬頗廟記

在稷山縣至正二十年正月段成祚記

宋石延年詩記

在河津縣康定元年正書

宋天慶觀碑

在河津縣城東北一里至和三年正月李穀撰

鈕天錫書劉奉□篆額

宋河中龍門銘

在河津縣政和八年行書

元薛仁貴鄉廟碑

在河津縣黃村　延祐七年正書

元史千奎碑

在河津縣泰定二年正書　段菊軒先生撰

段輔書丹并題額

隋栖巖寺舍利塔銘

在永濟縣 大業三年正書 額題篆書 賀德仁撰

碑石已裂文字尚完好 陸徵祥曰白毫作豪古字

菁伯作拔 炮烙作格 彝蹈作倖 皆係借

唐伯夷叔齊碑

在永濟縣首陽山 開元十三年分書 梁昇卿纂

又及書

唐智通禪師塔銘

在永濟縣棲巖寺 天寶十三載行書 栖巖寺

在縣東南二十五里中條山上 沙门復珪撰 碑久
陷土中光緒庚寅任朝邑閻相國访得始為搬出
移唐謁二賢墓詩
在永濟縣 同光元年正書
詩曰遠廻東鄉虞還遮北伐頻讓賢生有國扣馬死
成仁故日非濟壯東風崇蕨春一餞雖可療終愧是
商辰 同光元年歲次癸未朔五月甲辰二日乙巳丁
約重建廟宇題記 元王悍題詩

後周栖巖寺舍利殿記

在永濟縣　顯德六年　行書　李瑩撰　張靄書

後周棲巖寺題記

在永濟縣

宋月公道者塔記

在永濟縣　開寶六年　行書　龔惟節述　梁杲書

宋栖巖寺四至記

在永濟縣　咸平二年　正書　李祐書

宋慶孝泉記

在永濟縣　大中祥符五年　正書

王欽若撰　朱慶□書并篆額

宋萬固寺舍利塔記
在永濟縣天聖二年正書 田沃撰 劉燾書
宋首陽山夷齊廟碣
在永濟縣慶歷六年篆書
此劉燕庭舊藏籤云首陽二賢人墓二行二三字宋蔣
堂篆書而拓本僅存首賢二字
宋首陽山賦
在永濟縣慶歷六年行書 縣志劉永之書

蔣堂守蒲中訪伯夷叔齊墓立石篆字呂表之亦作賦

宋光祿庵題名

在永濟縣　元豐四年正書　樂安薛俅題名莊昌

韋男昌國昌道湑孫錞鈞鎬鉍侍行

宋趙蒙游師雄題名

在永濟縣　元祐元年正書

宋呂延澗祈晴碑

在永濟縣　大觀四年正書

金伯夷頌
在永濟縣 皇統九年正書 韓文公原文楊漢卿書
金廳壁記
在永濟縣大定二十二年正書 張丁撰 張拱書丹
金王文蔚弔夷齊詩碣
在永濟縣泰和四年正書 蘇儀書
金司馬光王仲通弔夷齊詩碣
在永濟縣泰和四年正書

元達磨像石刻

在永濟縣癸卯年正書 樓巖老人可楫贊

元河東請欽公疏

在永濟縣乙巳年正書

元河中請欽公疏

在永濟縣乙巳年正書

元淵聖請欽公疏

在永濟縣乙巳年正書

元扎古得清欽公疏

在永濟縣 乙巳年正書

元月公普救寺二疏

在永濟縣 至元三年正書

元二賢祠碑

在永濟縣 至元十一年分書 王惲撰 王博文書

并額

元重建栖巖寺碑

在永濟縣至元十一年正書 陳賡撰 王惲書

攸中字篆額

元栖巖寺佛殿佛像記

在永濟縣至元十一年正書 沙門祖秉撰

元河中府廟學碑

在永濟縣至元十六年正書 段成己撰 史杠書

商挺題額

元封二賢詔

在永濟縣　至元十八年正書

伯夷爲昭義清惠公　叔齊爲崇讓仁惠公

元普救寺碑

在永濟縣　至元二十二年正書

元清通公碑

在永濟縣　至元三十年正書

元二賢祠加封記

在永濟縣　元貞元年正書　柳謳撰　趙氏書丹

元封二賢碑陰記

在永濟縣 大德九年正書 寧德豫撰并書

元永諭碑

在永濟縣 大德九年正書

元重修元武殿記

在永濟縣 延祐七年正書 呂楨撰并書丹篆額

唐大雲寺彌勒重閣碑

在猗氏縣仁壽寺 天授二年正書 杜登撰 荆師

金大清觀牒 在猗氏縣城內 大定三年 行書

善書 今搨本多磨泐

宋雁塔寺經幢

在猗氏縣 建隆三年正書 智朗撰并書

金忠勇廟碑

在猗氏縣馬莊武王廟 泰和元年正書 梁真裕叙

陳仲遜篆額 薛從先書丹

元后土廟置地畝記

在猗氏縣 延祐三年正書 賈由義撰 王中書

隋陳茂碑

在臨晉東北二十里小山頭 開皇十八年正書

金石萃編按集古錄茂字延茂今碑拓已泐此四字但據額題梁州使君陳公文中叙官位事蹟與隋書陳茂傳合其爲陳茂碑也 萃編云茂當生于魏永熙三年甲寅薨于隋開皇十四年甲寅即以其年歸葬碑當立於是年按金石錄隋梁州刺史陳茂碑開皇十八年十一月此碑以十八年立

之從萃偏但未載 此碑不著撰人名氏而字畫精勁
可喜

唐王卓碑
在臨晉縣貞元十七年正書 裔孫顏撰 袁濟
篆額 韋縱書

元謝天表碑
在臨晉縣北三十里東莊村 大德七年正書
麻革撰 高鳴書 陳元凱篆額

元樊氏先塋記

在臨晉縣延祐二年正書　姚登孫篆　陳觀撰

李泰書

唐劉居幡竿銘

在虞鄉縣南三里石佛寺　開元三年正書

碑標曰劉君幡竿銘下有朝議郎行虞鄉縣令

劉行忠十一字萃編謂不著其名蓋所得搨本

偶遺之

唐柏梯寺碑

在虞鄉縣開元六年分書　標題及書撰人名

皆篆書題碑額　徐彥伯文　胡補之篆

唐趙叡沖碑

在虞鄉縣　大歷四年分書　額題篆書　郎

沈撰　王璹書并篆額

唐石佛字經幢

在虞鄉縣南三里寺中　正書

宋孫佳鄰碑
在虞鄉縣 皇祐五年正書 孫朴撰 宋佺口
內諶篆額 至大庚戌九月劉致重書
元加封孔子勅石碑
在虞鄉縣 至大三年正書
元中條孫氏先塋碑
在虞鄉縣 至大三年正書 劉致撰 趙孟頫書
駎師文篆

宋后土祠廟記

在萬泉縣天禧四年正書裴侄撰周渭書并篆額

金萬泉宣聖廟碑

在萬泉縣泰和三年正書卞顯祖書并題額

張邦彥撰

宋汾陰二聖配饗銘

在榮河縣大中祥符四年正書額題篆書

御製御書并篆額

元吳佺碑
在榮河縣東北四十里薛嶺莊 至元十七年四月
額題篆書 閻從善撰 張可覺書
縣志云此碑歲久字燬莫能識今搨本雖多漫漶
然大段尚完具 縣志未採
元漢武帝秋風辭
在榮河縣 大德十一年四月
宋題霍山廟詩

在霍縣 大中祥符五年分書 陳綱題 鄭世卿書

宋霍嶽廟詩碣

在霍縣 天聖九年正書 王惟正題

宋高德嵩碑

在霍縣庫拔村 大觀四年正書 王遹撰 口洵書

郭祁篆額

金張用英霍山詩

在霍縣　大定二十九年　行書

元霍州學記

在霍縣　至元六年　正書　劉嗣書丹　并篆額

段成己記

元霍邑縣杜莊碑

在霍縣　至元十二年　正書 行　額題篆書

元神泉記

在霍縣　至元十二年　正書　額題篆書　高鳴作

鄉撰　周復齋伯達書

元霍州公宇記

在霍州舊州署大德九年正書　裴道帝書

王士貞

元霍獄廟田地記

在霍州大德十一年正書

元徐毅碑

在霍州至正十年正書　黃溍撰　張起巖書

趙期頤篆

唐王宰題記

在靈石縣 大中三年正書 此碑灘在夏門西數

里汾水之南石斛峭立有通濟橋蕭洪碑兩碑

相距皆摩崖書水落乃可搨取

唐（乳）建鎮通濟橋碑

在靈石縣咸通十三年行書 蕭洪撰

宋女媧廟碑

在趙城縣開寶六年行書　裴麗澤撰　張仁愿
書　王弇州跋周太祖廟碑云張仁愿書行筆殊卓
犖真小勝于丹石之不能溫嚴始自李太和濫觴于
仁愿弇州所譏之仁愿乃自宋初錢書者

金香巖禪院牒
在趙城縣貞祐三年正書

元重脩女媧廟碑
在趙城縣至元十四年正書　高鳴撰　胡祗遹書

王博文題頌

元徐玉臺碑

在趙城縣至元三十年正書　王博文撰　雪菴溥光

書并篆額

元祭霍山崇德應靈王記

在趙城縣大德八年正書

元明應王殿碑

在趙城縣延祐六年正書　王剌哈剌撰并書

崔友聞題額

元重修青山廟碑

在汾西安仁鄉　皇慶元年正書

元追封吉天英碑

在汾西縣　至治二年正書　趙孟頫為文并書丹

泰亨篆額

元傅傑碑

在汾西縣　至正二年正書　歐陽玄撰　鄭立書丹

靳榮藁頌

宋孫冲詩碣

在隰縣政和二年 共四石正書

元睿穀台碑

在隰縣東北四十里 至元二年正書 高鴻書

元王公祖塋碣

在隰縣 至正八年正書

元邢縣亭木蘭花詞

元刘氏先塋碑
在隰縣上陽
徹村 至元十七年
正書 田稱之撰
及篆額
高碑書丹

垣曲縣 至正二十一年 碑六面 第一面正書 餘皆行書

元曲縣東嶽廟碑

垣曲縣 至正二十一年正書 正書 額題篆書

虞希古撰 方道源篆并書

蒲州府屬 永濟 臨晉 猗氏 榮河 萬泉 虞鄉

唐棲巖寺詩碣並記

在蒲州府東南十五里 長安二年正書 武后御

製 韓懷信書 常元晨撰文

山西文華·史料編

山右金石録（外三種）

清　夏寶晋◎纂

《山西文華》編纂委員會　編

山西出版傳媒集團
三晉出版社

圖書在版編目(CIP)數據

山右金石録：外三種／（清）夏寶晋纂. —太原：三晋出版社，2018.11

ISBN 978-7-5457-1798-3

Ⅰ. ①山… Ⅱ. ①夏… Ⅲ. ①金石—彙編—山西—清代 Ⅳ. ①K877.22

中國版本圖書館 CIP 數據核字(2018)第 275367 號

山右金石録(外三種)

纂　　者：〔清〕夏寶晋
責任編輯：朱慧峰
封扉設計：山西天目·王明自

出 版 者：山西出版傳媒集團·三晋出版社（原山西古籍出版社）
地　　址：太原市建設南路 21 號
郵　　編：030012
電　　話：0351-4922268（發行中心）
0351-4956036（總編室）
0351-4922203（印製部）
網　　址：http://www.sjcbs.cn

經 銷 者：新華書店
承 印 者：山西人民印刷有限責任公司

開　　本：700mm × 1000mm　1/16
印　　張：14
字　　數：100 千字
版　　次：2018 年 11 月　第 1 版
印　　次：2018 年 11 月　第 1 次印刷
書　　號：ISBN　978-7-5457-1798-3
定　　價：90.00 圓

ISBN 978-7-5457-1798-3
9 787545 717983 >

《山西文華》編纂委員會

《山西文華》學術顧問委員會

李　零　李文儒　李學勤　袁行霈　唐浩明

梁　衡　張　頷　張光華　葛劍雄　楊建業

《山西文華》分編主編

著述編　劉毓慶　渠傳福

史料編　張慶捷　李晋林

圖録編　李德仁　趙瑞民

出版説明

山西東屏太行，西瀕黄河，北通塞外，南控中原，是中華民族的主要發祥地之一。中華文明輝煌燦爛，三晋文化源遠流長。歷史文獻豐富、文化遺産厚重，形成了兼容並包、積澱深厚、韵味獨特的晋文化。山西省政府决定編纂大型歷史文獻叢書《山西文華》，以彙集三晋文獻、傳承三晋文化、弘揚三晋文明。

《山西文華》力求把握正確方向，尊重歷史原貌，突出山西特色，薈萃文化精華，按照搶救、保護、整理、傳承的原則整理出版圖書。叢書規模大，編纂時間長，參與人員多，特將有關編纂則例簡要説明如下。

一、《山西文華》是有關山西現今地域的大型歷史文獻叢書，分「著述編」「史料編」「圖録編」。每編之下項目平列；重大系列性項目，按其項目規模特徵，制定合理的編纂方式。

二、「著述編」以一九四九年十月一日前山西籍作者（含長期在晋之作者）的著述爲主，兼收今人有關山西歷史文化的研究性著述。

三、「史料編」收録一九四九年十月一日前有關山西的方志、金石、日記、年譜、族譜、檔案、報刊等史料，以影印爲主要整理方式。

四、「圖録編」主要收録一九四九年十月一日前有關山西的文化遺産精華，包括古代建築、壁畫、彩塑、書畫、民間藝術等，兼收古地圖等大型圖文資料。

五、今人著述采用簡體漢字横排，古代著述采用繁體漢字横排。

《山西文華》編纂委員會

出版前言

此書是四種山西金石著述的合集。其首爲《山右金石録》，其他三種依次爲《山右訪碑記》《山右金石存略目録摘要》《傅公祠石刻叙録》，因後三種均爲短小而重要的金石著述，故附于《山右金石録》之下，名之曰「山右金石録（外三種）」。

《山右金石録》首題「歸安石氏校訂刊本」，書眉折頁處刻「古歡閣」三字，其序末署名「光緒壬午夏五月歸安凌霞謹記」，則知刻書者爲歸安（今浙江湖州）人，「凌霞」或爲其号，「古歡閣」則爲其藏書閣之名。刻書時間爲光緒壬午年，即光緒八年（一八八二）。據其序言，本書作者爲高郵（今屬江蘇）夏寶晋，其中述夏寶晋仕晋甚詳，兹不復述，可注意者，此本流傳經歷複雜，曾經失傳，又經重刊，故此書之最早著成，自應在同治、光緒之間。

《山右訪碑記》爲民國刻本，是顧燮光「顧氏金石輿地叢書」第一集的一種，刻於「己巳年仲夏」（一九二九年夏）。其序中感慨山西存碑豐富而專著甚少，於是糾合當事者，「設局派員，通飭各郡縣採訪上之」，企圖成「山西金石全志」，此或本書名爲《山右訪碑記》之因。總其所獲，共計三百五十種，以當時條件不便，已視爲鴻篇巨製，且詳記訪碑之目，所記均爲宋元以前古碑，其價值更顯珍貴無疑矣。

《山右金石存略目録摘要》，二十卷，堯都（今屬山西臨汾市）宋琦撰，前有山右督學使者、山左（今山東）

人管廷鶚序。由序可知此書刻於光緒十七年（一八九一），著者宋琦感於古碑零落，乃遍訪之，並節録王軒所輯《山右金石志略》，合而刊之。其值得重視者，爲宋琦新發現之碑，如：「……近年長治出程哲碑，絳州出張保洛造像記、龍飛常樂石佛記、聞喜出母邱氏造像记、元魏等石，又有太原王鼎集右軍書東嶽碑銘，出定襄，類皆文辭典古，書法精至，是爲墨池楷則，而爲昔人著録所未及也。」

《傅公祠石刻叙録》，爲民國時期山西省文化委員會編印，前有山西名士郭象升題名，署其别號「雲舒」。書中所述缘由，概「此處當時爲明藩所刻《寶賢堂法帖》之藏地，又以紀念傅山，名傅公祠」。其實，晚清民國年間所收之碑刻，多收存於此，故時人予以編録，以傳後世。其録碑文，上起北朝，下至清初傅山止，時間跨度甚大，而選碑精要，設目爲法帖、碑碣、造像、摩崖以及附録，書名命爲「叙録」，使山西古代著名石刻名目及内容傳於後世，功亦至偉，體現出民國時山西學人對山右金石遺存之愛護之心。

此次整理，將四種著述合爲一書，收於《山西文華》叢書，使山西金石著述集成一體，以便讀者使用，並得以廣泛流傳。

郭建平

二〇一八年十一月

目録

山右金石録

山右金石録

歸安石氏
校訂栞本

山右金石錄爲高郵夏寶晉箸寶晉字玉延一字慈仲以孝廉仕山右縣令陞知州鄉舉出屠琴隖太守門又爲顧南雅學士高弟乃郭頻伽女夫也此書原有稾本流布甚尠昔從商城楊石卿丈假錄別寫一本以寄石君子韓於漢上子韓以其罕傳焉爰校訂而重鋟之以樣本寄余覆勘乃爲正其譌字並加校語三十餘條於後又於續揚州府志中錄得夏君小傳一通以弁其前時子韓攝篆楚北監利邑令到官數月遽嬰疾旋至不起校本去時適直病中不知能寓目否逮眷屬南歸此稾已失尊甫亭菊世丈痛令子之早逝而刻書未竣也重印一本命爲再斠幷補刊校語俾成完璧子韓爲人

豪邁不羣善分隸癖耆金石搜羅甚力譔金石譚及山右金石補錄皆未竟擬刻楊大瓢鐵函齋書跋嘗爲題記此冊今亦未見不知飄霝何所烏虖子韓逝矣而遺稾叢殘尚須整理且擬爲之作古歡閣收藏金石記庶不沒其一生好古之心茲以此本先成用識厓略最可异者楊丈石卿奉檄權知江蘇震澤縣事逮任旬餘卽病歿距子韓之亡甫帀歲也二君與是書皆有因緣焉故牽連記之而緬懷舊雨益不禁感慨係之矣

光緒壬午夏五月歸安凌霞謹記

山右金石錄叙

古冀州之域漢唐以來文物萃焉而金石之流傳者絶少余游宦於茲幾二十年訪有道之碑摹晉祠之刻貞珉翠墨心實好之復與同志之士極力蒐羅荒山窮谷徵召鄉民遇險峻處或搆木登其上而後施氊蠟焉加以風高日燥萃數日得一紙蓋得之之難如此無怪有司者以境有古碑爲不幸遂從而毁之今集其目錄都爲一編願官斯土者勿輕應人之求而勤加保護焉至於考訂遺文賞鑒妙蹟則非余之所敢任也道光二十七年八月高郵夏寶晉書於并州寓館

山右金石録

續揚州府志列傳

夏寶晉字玉延高郵人嘉慶十八年舉人歷任山西和順甯鄉縣署代州升授朔州知州道光十二年十七年兩充鄉試同考官賦性孤介所在以清廉名奉諱歸里後宦橐蕭然主崇川紫琅講席晚年偕里中老友詩詞贈答爲眞率會著有山右金石志冬生草堂文録仕國弦歌録遂椽詞琴隱詞湖中明月詞卒年七十

山右金石錄

題辭

會稽胡兆松蒼巖

伯喈蹟被書生竊天保經難過客移竹垞欲移風峪石柱於晉祠游宦從來多好事憐君翠墨是歸貲

苕蘚沉薶絶妙詞尋常甃礎亦堪疑此間尚有石堪語莫憾空山獨往遲

山右金石錄

山右金石錄　目錄

高郵夏寶晉纂　　歸安石宗建校訂

報德像碑天保六年李清撰燕州釋仙正書在平
定州東三十餘里石門口長國寺前巖上
陽阿故縣邨造石塔記河清二年正書雜篆體在
鳳臺縣桉訪碑錄潛研堂金
石目錄均作
造石像記

北周

譙郡太守曹恪碑天和五年正書在安邑縣

隋

開府儀同三司韓祐墓志銘開皇六年正書在長
子縣
梁州刺史陳茂碑開皇十四年正書在猗氏縣
胡叔和造石像記仁壽二年正書在鳳臺縣興龍
寺

唐

隋益州總管府司馬裴鏡民碑貞觀十一年李百藥
撰殷令名正書在聞

臺縣

晉祠銘　貞觀二十年　太宗製并行書　在太原縣

晉祠銘碑陰　貞觀二十年　太宗飛白書題額諸臣正書題名

上柱國郭君殘碑　乾封二年　正書　在汾陽縣郭社村

碧落碑　咸亨元年　李訓誼篆書　在絳州龍興宮

鄭惠王造石塔記　咸亨四年　釋洪滿撰行書　在長子縣

上柱國任恭碑　上元三年　正書　在汾陽縣南門外二里文侯村

李万通造像記　儀鳳三年　正書　在鳳臺縣清化鎮青蓮寺　桉金石萃編作在河南河內縣清化鎮

白鶴觀碑　垂拱二年　正書　在長子縣

楊州都督府長史薛寶積碑　長壽二年　王處撰王應坦正書　在永濟縣

口部將軍功德記 景龍元年 郭謙光撰并八分書 在太原縣天龍寺後

邛州刺史狄公碑 先天元年 正書 在太原縣狄村

虞鄉縣令劉行忠碑 開元三年 正書 在永濟縣 此碑疑即虞鄉之劉君幡竿銘

處士胡佺墓志 開元三年 行書 在介休縣

唐興寺碑 開元六年 許景先撰僧師口八分書 在聞喜縣

錦屏山摩崖石刻 開元九年 王翼八分書 在吉州

龍角山慶唐觀紀聖銘 開元十七年 元宗御製并八分書 在浮山縣

紀聖銘碑陰題名 開元十七年 呂向正書 在浮山縣

王禪成造石浮圖記 開元十八年 行書 在太原縣

侍中正平郡公裴光庭碑 開元二十四年 張九齡撰 元宗行書李林甫題額 在聞喜縣

上柱國梁思墓志貞元九年　正書　在平遥縣

贈太保李晟臣碑貞元十一年　李宗閔撰楊正正書　在榆次縣孝敬原

河東鹽池靈慶公神祠碑貞元十三年　崔敖撰韋縱正書并篆額　在安邑縣

靳英布墓志貞元十七年　張遇撰行書　在崞縣錠子村

晉司空王卓神道碑貞元十七年　王顔撰韋縱正書　袁滋篆額　在臨晉縣

晉祠新松記元和元年　在太原縣汾東王廟

侍中尚書右僕射裴耀卿碑元和七年　許孟容撰歸登八分書幷篆額　在稷山縣

朔方節度使安定郡王李光進碑元和十五年　令狐楚撰子季元行書　在榆次縣孝敬原

報國寺汜舟禪師塔銘長慶二年　袁允撰薛穎正書　在安邑縣

絳守居園池記 長慶三年 在絳州治

龍泉後記 太和六年 鄭澤撰姚全正書 在芮城縣

青蓮寺碑 太和七年 僧道振撰司徒映正書 在鳳臺縣

黃公記 開成二年 在絳州碧落觀

北都留守太原尹李光顔碑 開成五年 李程撰郭虔正書 在榆次縣孝敬原

馬恒郝氏二夫人墓志 開成六年 行書 在永濟縣

冷泉關河東節度王宰題名 大中三年 正書 在靈石縣

重立郭林宗碑 咸通元年 八分書 在介休縣

重立郭林宗碑陰

碧落碑陰釋文 咸通十一年 鄭承規正書 在絳州

後唐

首陽碑側護國軍節度押衙丁約題名 同光元年正書在永濟縣

河東監軍張承業碑 同光元年正書在交城縣元至元間重摹

振武節度使李存進碑 同光二年呂夢琦撰梁邕正書并篆額在太原縣

後晉

聖字山空同巖記 天福五年僧吾聞撰正書在鳳臺縣

建雄節度使相里金碑 天福五年李相撰成知訓正書在汾陽縣小相里之北

義成軍節度使史匡翰碑 天福八年陶穀撰闞光遠行書在太原縣黃陵村

開化寺寶巖閣記 開運二年藴禹珪撰藴曉行書在陽曲縣元至正八年重刻

北漢

景福寺重修思道和尚塔記 乾祐二年釋守澄撰崔虛已正書左行在夏縣

天龍寺千佛樓碑 廣運二年李惲撰劉守清行書王廷譽篆額在太原縣桉顧氏金

石文字記作後晉開運二年

後周

現身羅漢坐化遺屬 顯德二年 王福新撰正書 在浮山縣故城

宋

玉兔寺實錄 景德二年 在浮山縣

重修魏孝文廟碑 大中祥符二年 劉涫撰并正書 在鳳臺縣龍門峽

折太君碑 大中祥符三年 在保德州折窩村

祀汾陰碑 大中祥符五年 王旦撰尹熙古行書 在汾陽縣

解州鹽池新堰箴并序 天聖十年 集王右軍行書 在安邑縣 桉天聖止九年

重修夫子廟碑 天聖十年 口跋望集王右軍行書 在絳州學宮 山西通志云明道中立

玉兔淨居詩 明道二年 張仲尹撰僧靜萬集王右軍行書 在浮山縣故城

別立摩崖記嘉祐五年　謝景初撰正書　在汾陽縣

狄武襄公神道碑嘉祐七年　王珪撰宋敏求正書　在汾陽縣

耆英會圖並詩元豐六年　司馬光正書　在夏縣司馬公祠

惠明寺舍利塔銘元豐八年　呂惠卿撰并正書范子諒篆額　在太原縣

布衾銘元祐三年　司馬光撰并八分書　在夏縣司馬公祠

禹王廟司馬旦題名元祐四年　八分書　在夏縣

清虛觀記元祐七年　謝悰撰朱處厚正書　在平遙縣

晉祠鐵人胸前題字紹聖五年　在太原縣　按紹聖亦止四年

方山長者龕記宣和二年　張商英撰并正書陳知質篆額　在壽陽縣昭化寺

祭汾東祠文宣和五年　姜中謙撰趙令疇正書　在陽曲縣

敕封嘉潤侯牒宣和七年　在浮山縣

遼

寗鑒墓志乾統二年　虞仲文撰並書　在朔州鄂公祠

金

龔天寵墓志大定二十五年　郝天麟撰正書　在太谷縣

陳仲謙墓志正大二年　元好問撰正書　在臨晉縣

元

首陽二賢祠碑至元十一年　王惲撰王博文八分書　在永濟縣

棲巖寺碑至元十一年　陳賡撰王惲正書　在永濟縣

澤州長官段直墓碑至元二十七年　劉因撰并正書　在鳳臺縣

芮王廟記大德元年　何南卿撰樊彥正書　在芮城縣

郝天挺墓碣銘大德三年　元好問撰郝采麟正書　在陵川縣

別立摩崖記 嘉祐五年 謝景初撰正書 在汾陽縣

狄武襄公神道碑 嘉祐七年 在汾陽縣 王珪撰宋敏求正書

耆英會圖並詩 元豐六年 馬公祠 司馬光正書 在夏縣司

惠明寺舍利塔銘 元豐八年 諒篆額 呂惠卿撰并正書范子 在太原縣

布衾銘 元祐三年 馬公祠 司馬光撰并八分書 在夏縣司

禹王廟司馬旦題名 元祐四年 八分書 在夏縣

清虛觀記 元祐七年 縣 謝悰撰朱處厚正書 在平遙

晉祠鐵人胸前題字 紹聖五年 亦止四年 在太原縣 校紹聖

方山長者龕記 宣和二年 篆額 張商英撰并正書陳知質 在壽陽縣昭化寺

祭汾東祠文 宣和五年 陽曲縣 姜中謙撰趙令疇正書 在

敕封嘉潤侯牒 宣和七年 在浮山縣

山右金石錄　跋尾

高郵夏寶晉纂　　歸安石宗建校刊

郭林宗碑

此碑殆亡於唐季是以咸通重爲立石趙德父曾收之今惟鄭簠傳山兩刻在焉而世人猶執此以論蔡邕筆法亦可笑已

劉懿墓志　近年出土書法頗佳

劉君諱懿北齊書作劉貴初爲爾朱榮騎兵參軍建義初以預定策功封敷城縣伯歷官與志皆同卒之年月贈官亦與史合惟謚曰忠武而志畧之何也妻子書於銘後又是一例長子元孫早卒肆州刺史當

是贈官世子洪嶶嗣爵至武平中爲儀同奏門下事懿與神武爲布衣交特見親重史稱其凡所經歷莫不肆其威酷視下如草芥此志亦有夏日秋霜等語則此公之風概可想已魏肆州卽今之忻州秀容亦忻州也此石於道光初年出於忻州焦解元丙照從藏其家

風峪華嚴經石柱

竹垞有記載曝書亭集近人拓得三十餘紙無書者姓名惟卷卅七之末有佛弟子許智通妻宋十娘許五娘女許三娘等字往在并州與王幼海兵備緣竹垞之意議欲移置晉祠後兵備左遷遂不果

報德像碑

造像立碑南北朝習俗此高齊立石在平定州罕有拓者其文與書皆不雅馴然闕世旣多不得不謂之古刻也北齊書外戚傳載李祖昇爲文宣李后之兄父希宗官上黨守當在元魏之世卽此碑所稱述者也此云司空文簡公其爲贈官與謚無疑齊代后族多能保全終始史官稱之李后諱祖娥容德甚美天保十年改爲可賀敦皇后孝昭卽位降居昭信宮稱昭信皇后武成逼淫之生一女後爲尼齊亡入關隋開皇初復還趙郡

陳茂碑

碑不著撰人名氏而筆法挺秀可喜敘事較隋書列傳尤詳茂字延茂可以補史之闕

裴鏡民碑

總管民部尚書陳茂情恃惟舊心多慢下即前碑之陳廷茂也鏡民以開皇十六年死於西南夷之難貞觀十一年賜墳塋奉敕樹碑太宗教忠之意可謂篤矣李百藥撰文殷令名書丹令名爲仲容之父父子以書擅名一時精妙不減歐虞云

晉祠銘

額題貞觀廿年七月六日爲太宗飛白書前人罕有拓者祠宇南向神作婦人像蓋邑姜也而俗以爲晉水之神序所謂豈若高唐之廟空號朝雲等語殊涉不莊碑陰題名似各人自書無一同者張亮則純作隸體

碧落碑

此碑篆法奇古無撰書姓名至開成二年李漢始定爲韓王元嘉之子黄公李譔自書黄公父子死於武后之難大節如此而可沒其名乎韓王之後徙封鄆懿宗以鄆王即位故咸通十一年鄭承規奉命而書釋文也

邛州刺史狄公碑

公諱知遜梁公之父嘗仕爲刔鄭二縣令贈邛州刺史碑立於睿宗初年時梁公已沒碑中叙述先世爲孔子弟子狄黑裔餘多剥蝕宋時狄武襄不欲附梁公之後蓋其譜牒無存舊唐書畧載一二歐公盡删之矣

虞鄉縣令劉行忠碑

劉君嘗於柏梯寺建幡竿司空圖有上柏梯寺懷舊僧詩下引幡竿銘數語

唐興寺碑

高陽許景先撰觀道寺主僧師口書碑云唐興寺我國家草昧之所置也相傳太宗行軍至美陽鄉乏糧鐵牛峪寺僧以沙鍋煮飯餉軍胥獲飽及卽位敕建廣教寺以報之鐵牛寺卽在其內本在城南二十里縣令于光庭移建於大道旁

龍角山紀聖銘

元宗御製御書張說奉敕題御製御書字呂向奉敕題碑陰並建碑年月日叙述高祖太宗削平海內國祚靈

長皆由老子默祐所致可謂誣其祖矣開元初祠中蒲萄託柏樹而生誠不足道門端根本枯枝還茂與王莽墓門梓柱生枝葉何異又何稱述之有碑在僻邑椎拓者少是以尚無刓蝕碑陰題名凡五列第一列止皇太子鴻一人第二列皇兄皇弟皇子共十五人第三列宗室十三人第四列宰執以下官三十三人第五列檢校觀使暨中官共九人其長慶三年題名吳再和張令綰竟刻於第一列故皇太子之後可見法度廢弛中官暴橫至此而極矣

裴光庭碑

張九齡撰文元宗御書首題奉敕檢校模勒使褚庭誨

奉敕檢校樹碑使鈌名按唐書列傳云光庭素與蕭嵩不平及卒博士孫琬希嵩意以其用資格非獎勸之道謚曰克平帝聞特賜謚曰忠獻新唐書作忠憲

裴稹墓志

族叔裴朏撰並書中有云丁太師憂柴毀骨立杖而後起爰紆聖札用勒豐碑太師公直道不回存亡交變明主優其恩禮時列害其公忠定謚之辰將沮其美君晝夜泣血號訴聞天特降口言以旌其實詔改謚曰忠獻豈非孝感之至以發皇仁是光庭改謚由稹孝感所致也

石壁寺鐵彌勒像頌

林謌撰房璘妻渤海高氏書歐陽公集古錄凡自周秦訖於五代共爲千卷唐居其十七八其名臣顯達下至山林幽隱之士所書莫不皆有而婦人之書惟此高氏一人爾然其所書刻石存於今者惟此頌與安公美政頌爾二碑筆畫字體遠不相類殆非一人之書疑摹刻不同亦不應相遠若此或好事者寓名以爲奇也

慶唐觀金籙齋頌

崔明允纂史惟則書其意多與前碑同所謂大建閟宮明白於御碑者也史惟則八分書與韓擇木蔡有隣齊名評者謂之雁足印沙其茂密可想金籙齋者唐六典齋有七名其一曰金籙大齋調和陰陽消災伏害爲帝

王國王延祚降福可謂誇誕不經之甚矣

周夫人墓志

此石舊在長安農家畢秋帆先生撫陝時爲山西汾陽某氏攜去

思道禪師碑

禪師爲絳州夏縣平原人唐書地理志夏縣本隸虞州貞觀十七年隸絳州大足元年隸陝州尋還隸絳州乾元三年復屬陝州此碑刻於乾元元年其時夏縣尚屬絳州也平原郷名

崇嶶公主手痕碑

大歷四年崇嶶公主適回紇道出靈石以手拓石其痕

不滅李山甫等爲書此碑趙德父曾錄之

妒神頌

平定土俗傳介之推被焚其妹介山氏恥兄要君積薪自焚號曰妒女祠其碑頌大歷中判官李諲撰辭旨殊謬至有百日積薪一日燒之之語鄉社至今以百五日積薪而焚之謂之祭妒女金元好問承天鎮懸泉詩曰神祠水之滸儀衞盛官府頗怪祠前碑稽考失莽鹵自有宇宙有此水此水綿綿流萬古人言主者介山氏且道未有介山之前復誰主稗官小說出閭巷社鼓邨簫走翁媪當時大歷十才子爭遣李諲鑱陋語

李抱眞德政碑

董晉撰文班宏書韓秀弼篆額皆云奉勅文亦云帝嘉乃誠詔門下侍郎董晉撰文以昭其功而兩唐書德宗紀及李抱眞傳皆不書其事新書抱眞傳云自貞元初朝京師還鎮會天下無事乃好方士有孫季長爲治丹因讓司空爲左僕射餌丹二萬三千九而卒金石錄謂碑立於貞元九年尙是在潞鎮時事也元至正五年潞州知州張埜仙得斯斷碑於岱岳廟瓦礫中因重建焉

李艮臣碑

李宗閔撰楊正書文辭爾雅一洗駢麗之習

鹽池靈慶公祠碑

崔敖撰文韋縱書大歷中淫雨壞河中鹽池味苦惡韓

滉判度支虛減常賦妄言池生瑞鹽王德之美祥代宗疑不然命蔣鎮馳驛按視鎮內欲結滉故實其事表置祠房號池曰寶應靈慶云碑文謂中宗反正崇朝而復瓢大歷陰霖巨漲而不淡蔣鎮傳言鹽池爲潦水所入其味多苦韓滉虛鹽戶減稅詐奏雨不壞池池生瑞鹽當時固以欺飾爲之而踵事者又勒之頌詞以長其僞然則文雖贍腴固非實也又云終歲所入二百千萬供塞垣克敵之賞減天下太半之租然則唐之鹽法所裨實多又後世所不及者矣

晉司空王卓神道碑

王顏撰袁滋篆額韋縱書碑文大意太原王氏世謂出

於太子晉不知太子年十五已是神仙十八而卒不應三年之中遂有嗣息今考太原系出周平王孫赤赤奔晉爲并州牧十三世至卓爲河東太守封猗氏侯卽顔之本支所自出也稽之唐書宰相世系表所載太原王氏無一合者右丞維左相縉其原亦不自卓始要之顔撰此碑自必無誤或所據有不同耳

裴耀卿碑

許孟容撰歸登書耀卿爲轉運使鼎新漕運以廣儲廩置河陰集津三門倉引天下租繇盟津泝河而西三年積七百萬石省運費三十萬緡逋賦之徒征徭之毗追琢貞珉存於道左是當時立碑頌德政也可謂救時之

𡧍相後之膠瀙成例束手無策者可以愧矣歸登字沖之蘇州吴郡人工草隸兼善篆書集古錄載百巖大師懷暉碑亦登篆額

安定郡王李光進碑

令狐楚撰嗣子季元書光進與弟光顏竝爲唐名將平淮西光顏功最高唐書二人竝有傳光進碑令狐楚撰光顏碑李程撰皆名臣也而歐趙二錄皆無此二碑歐錄所載李光進碑楊炎撰韓秀實書者乃光弼之弟非光顏兄也趙錄有贈太保李𡧍臣碑則光進之父官雞田州刺史初無功績以光顏故贈太保與二子同葬一地乃趙氏錄其一而遺其二殊不可解元和十三年春

光顔平淮西入朝請於天子得立碑於墓兩唐書光進
傳叙事甚簡不如此碑之詳碑稱其父良臣曰先父叉
曰先君母史氏曰先夫人撰文人稱他人父母加先字
始見於此有多書字者其旁用點抹去之其例亦始見
於此

黄公記

黄公父子欲奉中宗反正事發被誅大節凜然史稱其
家藏書善本侔於天府則碧落奇字必有來歴惜無援
截籍以考之者後人乃肆其譏訶亦爲妄矣

贈太尉李光顔碑

李程撰郭虔書碑文以裴晉公既爲志銘故今之甄述

得以畧焉憲宗時淮夷阻命二將出師公首膺注意之選策勳行賞公實居多其他戰功未有大於此者銘詞有云危自我安否自我泰忠莫我先功莫我大嗚呼盡之矣

馬恒郝氏二夫人墓志

文旣不工書亦甚拙因其爲唐碑也故錄之

王宰題名

宰爲智興之子嗣爲大將討潞澤奪天井關有功唐書載其事名作晏宰所書方整腴潤具有歐褚遺法以此見唐代雖武人亦工於翰札如此

史匡翰碑

陶穀撰閻光遠書史傳稱匡翰好讀書尤喜春秋三傳與學者講論不倦碑辭亦云懷鼓篋之心行有餘力藴飛箝之辨似不能言不積財而但富藏書不憂家而惟思報國求諸時彥罕有倫焉皆與傳合陶穀文排比鋪張頗爲親切光遠書法圓美五季石刻如此亦鮮矣

天龍寺千佛樓碑

李惲奉敕撰翰林書令史劉守清書王廷譽篆額書篆不題奉敕者微之也廣運爲劉繼元重立改元之號廣運二年乃宋之開寶三年也

現身羅漢坐化遺屬

學究王福新撰記羅漢既伏猛獸遂欲歸眞弟子等固

請顯化聖者曰猪身化作龍龍又變成鳳走近初生月吾身示四衆諸人不解其意聖者端然殗逝長安三年事也後於清泰年間有獵者逐兎遂開其藏覩聖者全身如在云

折太君碑

太君爲折德扆之女楊業之妻西人讀折音如蛇碑官家蛇太君委蛻不朽之說蓋由於此

鹽池新堰箴

張仲尹集王羲之書後郊峽跌勒碑半已磨損今案其序鹽澤之守設兵以防之宋史謂之護寶山西鹽法志於治畦之法詳矣然鹽以主水而成遇客水而敗築堰

之事尤不可畧也所題後郊峽跌姝不可曉

絳州重修夫子廟記

晉右軍王羲之書逆民口趺望集刻從聖教序元拓及絳帖中來形似之外風流都盡然爲夫子廟記不當勝作奘師序耶拓刻俱精第中間忽雜一二草書傖父之態畢露

玉兎淨居詩

張仲尹題慈雲寺沙門靜萬集晉右將軍王羲之書集書起自懷仁後之興者蔑以加矣此書尚不及絳州夫子廟碑僅存形似耳

耆英會圖竝詩

圖中十二人或行或坐或立幅巾杖屨有蕭然世外之致惟温公據案握管以方撰資治通鑑故也前有序及會約後有諸公倡和之作皆公自書小楷端謹惜多剝蝕不能得其精神耳繪者閩人鄭集天啟丙寅公十八代孫露重摹有記

惠明寺舍利塔銘

呂惠卿撰並書獻古姧人之雄其文與書皆不足存今錄於此者亦楚檮杌垂誡之義

司馬温公書布衾銘

欵云景仁惠堯夫銘公自以八分書之方正清勁如見其人豈公孫之詐所可同日而語哉末云元祐三年姪

富摹勒公以元祐元年薨至三年尚未立後宋人謂溫公無後信矣

甯鑒墓志

虞仲文撰並書此文波瀾意度頗學昌黎而書格近俗文中俱宦江北大約指混同江而言至以接伴南宋使人以小心得過云云可見遼宋和好有推重中原共主之意非金元之世可比也其父爲鄯陽主簿子孫因家焉鄯陽爲今朔州其墓在東石里

金仙寺裕公行道碑

宋徽宗尊崇道教貶佛爲大覺金仙此寺名之所由來也松雪此書規模北海無圓熟委靡之習故是傑作

祭告霍山碑

明代革除建文年號仍稱洪武凡公私皆禁之而深山荒僻之鄉偶未磨滅顧亭林求古録載之竹垞亦有題識余以道光丁酉沿檄趙城信宿霍山嘗有詩云革除年號剩殘碑想見祠宫肅禮儀燕啄皇孫知不免龍游滄海竟何之秦憐故主存天福晉有遺民紀義熙訪古我來朱十後松風吹雨倘含悲

校語

劉懿墓志北魏興和元年校興和爲東魏孝靜帝弟二改元年號

相國寺碑校金石文字記云八分書碑陰有文并頌一通漫滅

梁州刺史陳茂碑校金石録集古録寰宇訪碑録均作開皇十八年

碧落碑夏氏原本作總章三年石校作咸亨元年李訓誼篆書校總章咸亨同此一年改元在三月立碑不知何月書者其説不一碑稱哀子李訓誼譔諶銜恤在疚云云葢四人皆韓王元嘉之子今作李訓誼書是以二

人爲一人乃沿寰宇訪碑錄之誤

鄭惠王造石塔記桉金石萃編云在長子縣東南三十里慈林山法興寺內

李万通造像記夏氏原本作鳳臺縣清化鎮石校引金石萃編在河南河內縣清化鎮桉潛揅堂金石跋云張子愉游中州歸得以貽予授堂金石跋云在河內清化鎮石佛堂得之自予始若寰宇訪碑錄平津讀碑記中州金石目均作河內然則此碑或因清化鎮同名致誤

白鶴觀碑桉劉燕庭校寰宇訪碑錄云在長子縣城外西北隅此碑有陰

揚州都督府長史薛寶積碑桉寶刻類編云王庭坦書

在河中

口部將軍功德記校金石文字記金石録補金石萃編潛揅堂金石跋寰宇訪碑録竹崦盦金石目録均記之然皆不詳部上爲何字惟平津讀碑記攷爲勿部其説甚確薈據文苑英華姚崇北代制內有右金吾衛將軍勿部珣而碑文則有口部珣本校東海云云正與之合

卭州刺史狄公碑校寰宇訪碑録平津讀碑記均作洛陽授堂金石續跋云洛陽令王君宇爲溧陽狄氏訪其先墓得梁公碑于草間遂豎置白馬寺東偏因封樹焉不知狄氏先墓固在平樂北山上俗名雙碑凹者也中州金石攷引金石補遺亦云洛陽平樂村雙碑凹而洛

陽縣志亦收之豈太原狄村之碑別一刻石耶邛州刺
史郎梁公父夏氏跋已詳之惟邛字應从邑不从卩各
本作卭恐誤
唐興寺碑桉劉燕庭校寰宇訪碑錄作僧師尼八分書
王禪成造石浮圖記桉竹崦盦金石目錄云後有李白
題名
祠部員外郎裴積墓志桉寰宇訪碑録作陝西長安關
中金石記云在西安府城南古誌石華引金石萃編謂
得於河東轉運沈君似從聞喜裴氏得來云云今據碑
文則積爲河東聞喜人終於長安光德里先葬於聞喜
之東涼原旋窆於長安萬春鄉神和原是知由聞喜而

遷葬於長安者
石壁寺鐵彌勒像頌桉金石萃編有蘇琬題額至房嶙之嶙字金石録集古録石墨鐫華天下金石志晉碑三晉聞見録均作璘通志金石略金石文字記金石萃編竹菴盦金石録目寰宇訪碑録則作嶙要當以嶙爲正今石校目録作嶙夏氏原跋仍作璘未免兩歧
琵琶湰詩并序桉平津讀碑記云詩序字皆左行
義興周夫人墓志桉抱經堂文集云文不知何人作但有岳也匪才忝爲敘述之語岳則其名而不著姓瓶菴居士文鈔亦云譔文者名岳姓不可知然瓶菴作天寶一載當據金石萃編作六載爲是

崇徽公主手痕碑桉集古録作崇徽公主手痕詩李山甫譔金石録作李山甫等正書今夏氏跋尾已引金石録矣石校目録失記李山甫名

妒神頌桉金石續編云在平定州東北九十里有碑陰

魏文侯師段干木廟銘桉潛揅堂金石跋平津讀碑記晉稗均作貞元元年晉稗云在芮城縣西北二十三里段村

移舟河記桉劉燕庭校寰宇訪碑録云在高平縣丹河側

義陽郡王李抱眞德政碑桉金石萃編作行書據金石録云有陰今失拓

贈太保李艮臣碑校曝書亭集潛揅堂金石跋寰宇訪碑錄均作長慶二年

河東鹽池靈慶公神祠碑校金石萃編有碑陰五老山人劉宇 誤并行書

蘄英布墓志校金石文字記作漷縣錠子村漷縣屬直隸通州或崞漷形近村名相同致誤

晉司空王卓神道碑校晉稗云在臨晉縣城西村路旁

晉祠新松記校金石錄實刻類編均作令狐楚誤顏顒正書天下金石志則作顏顒書顒爲魯公子顒乃魯公弟允臧子也未知孰是

絳守居園池記校集古錄作樊宗師誤或云自書

青蓮寺碑桉劉燕庭校寰宇訪碑錄云在鳳臺縣東南
三十五里峽石山

黃公記桉實刻類編作李漢譔裴子方八分書

馬恆郝氏二夫人墓志桉碑首云唐貝州永濟縣故馬
公恆郝氏二夫人墓志平津讀碑記云在館陶縣館陶
本唐永濟縣訪碑錄以爲山西永濟非也此說近是葢
山西永濟乃　國朝縣名與唐時永濟大異攷之新唐
書地理志永濟縣屬魏州元豐九域志北京大名府魏
郡縣一十三注云熙甯五年省永濟縣爲鎮入館陶尋
隸臨清歷代地理志韻編今釋臨清下注云唐河北道
貝州今山東臨清州南故平津讀碑記斷爲館陶亦有

小誤
河東監軍張承業碑桉劉燕庭校寰宇訪碑録云在交城縣洪柏村授堂金石續跋云碑先經焚後爲元張鼎新重勒立石已失書譔氏名
振武節度使李存進碑桉潛揅堂金石跋金石録補金石文字記均作呂夢奇譔劉燕庭校寰宇訪碑録云在太原縣夏鄉郯村
聖字山空同巖記桉寰宇訪碑録潛揅堂收藏金石目録均作崆峒訪碑録作僧吾閑譔
建雄節度使相里金碑桉寰宇訪碑録亦作李相譔金石文字記作李象譔平津讀碑記則云李穀譔訪碑録

誤
義成軍節度使史匡翰碑校金石萃編作正書
開化寺寶嚴閣記校劉燕庭校寰宇訪碑録云在太原
縣蒙山寺金石文字記竹菴盦金石目録寰宇訪碑録
潛揅堂金石跋均作瑶嚴觀妙齋金石文字攷略作瑶
嚴晉碑作莊嚴閣記在蒙山開化寺瑶即古寶字要當
以瑶爲正
景福寺重修思道和尚塔記校寰宇訪碑録金石萃編
均屬後漢攷後漢北漢俱有乾祐年號未知孰是
天龍寺千佛樓碑校金石萃編作正書
解州鹽池新堰箴幷序石校天聖止九年攷天聖實十

年改元明道在壬申十一月不得云止九年

重修夫子廟記校金石萃編寰宇訪碑録均作李垂譔

惠明寺舍利塔銘校寰宇訪碑録有碑陰金石文字記云碑陰所題辛亥反在其前十有四年豈非惠卿磨去前人之文而自刻之

晉祠鐵人胸前題字石校紹聖亦止四年改紹聖五年碑刻甚多且改元元符在戊寅六月不得云止四年

解州鹽池新堰箴重修夫子廟記二碑跋

鹽池新堰箴夏氏跋尾作張仲尹集王羲之書後郊䟡跌勒以爲後郊䟡跌殊不可曉且訛䟡爲峽桉金石萃編是碑列銜有張口口中尹下缺晉右軍將軍王羲之書後郊䟡跌字空一集勒趙郡李蒙題篆想張乃作箴者非集書之人後郊或是地名䟡跌乃姓檢閲姓氏解紛䟡跌或作阿跌唐書有䟡跌光進䟡跌光顏䟡跌琉諸人今碑文䟡跌下缺一字應卽其名据授堂金石跋謂拓本彙重集勒人名不可辨者是也同時有重修夫子廟記同在太原縣亦集王書乃逸民口跌望集刻上空圍一字當卽䟡字其名望則新堰箴或亦望所集字耳

惟徧檢唐書並無⿰⻊夾跌光進光顔琉三人復閲金石萃編李良臣李光進李光顔三碑更取史傳參攷乃知良臣爲光進光顔父本姓阿跌氏河曲部落由其子賜姓而追稱之也是姓氏解紛所引⿰⻊夾跌光進光顔卽李光進李光顔二人至⿰⻊夾跌琉集韻亦收之云⿰⻊夾姓也後唐有⿰⻊夾跌琉桉李良臣碑長子光玭次光進次光顔所謂琉者係由字形相近而誤集韻作後唐後字必衍文也而宰相世系表良臣下僅有光進光顔並無光玭是又脫漏要當以碑爲正又晉稗錄李氏三碑光玭作光玭此亦筆迹小誤若通志姓族略云阿跌氏九姓阿跌部爲雞田都督唐單于都護振武節度使兼御史大夫阿

趺光進元和二年詔賜姓李名光顏誤以二人爲一人是不可以不辨嗣於邢上冷肆中得見新堰箴拓本模糊書者跡趺下雖亦墨暈尚存彡形實是望字無疑　淩霞坿跋

吾晉碑刻在漢者廬郭有道碑原石明季已佚傳靑主鄭谷口各有撫本略存其迹六朝以降石刻如林復强半沈薶深山僻壤閒以故流傳絶罕蒐訪爲難獨竹垞老人集中記載數種而已此録乃高郵夏氏玉延所纂板久散失歸安石子韓刺史宗建重鋟之吾友淩君塵遺博學者古攷訂精碻與子韓居同里閈平生尤竺風義於其殁也取是書爲之校誤俾成善本余披而讀之若埽風庭之蘀較夏刻本益精余與子韓無撫塵之好而其尊人亭鞠醝尹則爲忘年交象賢之美知有自來矣獨惜子韓以不羈才樹循良望方嶄然爲世大用乃竟天不假年弗獲展其驥足又豈止孜孜好古一端已

哉噫壬午秋七月陽曲田恩厚跋

山右訪碑記

己巳仲夏

山右訪碑記

顧燮光書

顧氏金石輿地叢書總目

金佳石好樓校印

第一集

全集　連史紙四元五角　有光紙三元

天下金石志十六卷　明于奕正　石印本　連史有光紙一元五角

中州金石攷　八卷　黄叔璥　鉛印本　連史紙一元二角　有光紙八角

山右金石錄　一卷　夏寶晋　鉛印本

山右訪碑記　一卷　魯燮光　鉛印本　兩種合訂　連史紙七角　有光紙五角

山左訪碑錄十三卷　法容叔　石印本　連史紙一元正　有光紙七角

湘城訪古錄　一卷　陳運溶　鉛印本

江西金石目　一卷　繆荃孫　鉛印本　三種合訂　連史紙八角五分　有光紙五角

汧陽述古編　一卷　李嘉績　毛鳳枝　石印本　一册

二集嗣出

寄售處　上海棋盤街科學儀器館　掃葉山房　西泠印社　蟫隱廬　中國書店　中國學會　外埠各大書坊

序

金石文字自歐陽文忠曾子固趙誠明均有專書後世遂爲之祖迨
國朝風尚所行乾嘉尤盛幾乎各省皆有金石志惟晉獨否嗜古
之士有遺憾焉王蘭泉司寇萃編搜羅極富所收山西金石僅僅二
十七條孫淵如觀察訪碑錄本邵二雲學士纂書三通館奉　內廷
檄取海內石刻山西碑目亦不過一百五六十種何况傅青主以土
著而限於力朱竹垞以客游而迫於時宜其山川幽閟埋沒不彰也
嘗時若得畢制軍沅阮文達元謝中丞啓崐翁學士方綱諸公涖官
三晉何患搜縋不力金石無書事不出此天若靳之殆有數存其間
耶余於光緒紀元謬銓平陸訪三門砥柱銘河流急湍舟不可近而
止越五年調和順因公下鄉少憩寺頭邨之聖壽寺暫見土中非石
非鐵發之造象森然旁列大魏元象元年三十六言始知東魏古蹟
爲遼州第一金石未經人道者志亦未載歸途占五古紀之同鄉王

少崖大令適卸榆社回省過余署見詩擊節錄之去攜示首道王鼎臣觀察皆知余得魏碑矣王學使可莊與余善函索數紙以爲目前所存可謂全晉金石之冠慫恿衛靜瀾中丞紹葛民方伯松峻峯廉訪輯山西金石全志於是設局派員通飭各郡縣採訪上之一日余適因公晉省大憲謂予曰擬輯山西金石全志札飭去後應者寥寥博雅如君可舉其所知開示一編乎庶足爲該局按圖索驥之助自媿孤陋又不獲辭余惟年代湮遠陵谷變遷一人之聞見無多千古之貞珉疊出未見拓本何以徵信即有殘箋片紙所獲無多姑就得之記載傳聞者彙爲一編名之曰山右訪碑記初稿將有待也共計三百四五十種以視孫淵如觀察所錄已加倍餘矣無何人事遷移搏沙踪跡王學使丁憂去衛中丞升調去紹方伯王觀察以事故去官松廉訪量移直省未及半年各大憲風流雲散而余亦挂冠歸里矣未識省中專局得有成書否聞之前令夏公玉延寶晉著有山右

金石錄跋尾梓行夏公有金石之好先余令和順而邑有古碑竟不能得若待予之後來者物色出之余何幸耶夏公有知應妬地下矣噫薄宦十年清風兩袖獨得古碣壯我歸裝亦足以豪矣轉憶可莊諸公金石至好離合聚散不能無感云時寓越東郭徐昭華都講靑未了閣

光緒十一年乙酉六月中浣豫仙識

光緒戊子中冬同邑陶濬宣段讀一過時有嶺南之行倚裝匆迫未皇詳校

題詞

冀州自昔饒金石薶沒深山邃谷多名士宦游耽訪古披荊剔蘚徧巖阿

蒐奇勤似小長蘆好古專於傅嗇廬奚止萃編堪補闕王蘭泉司寇金石萃編中錄山西石刻僅二十七種居然博雅勝潛如陽湖孫氏訪碑錄列山西碑目百五十餘種視之大著不過輓半耳

元象元年留造象遼州古刻更奇侅先生宰和順時聖壽寺前有造象出土先生審定款識爲東魏元象元年時物曾作五古一章以張之目爲遼州古刻第一若非慧眼標眞鑒一佛虛教出世來

二異家風本卓然公餘翠墨手親編瑤華一寸光千載不數高郵夏玉延夏大令寶晉曾著山右金石錄并跋尾梓行

卓銮先生觀詧以大箸山右訪碑記見眎並索題詞率拈四絕句以志忻賞藉乞法家正𣑥

光緒戊子二月小盡日子軒王繼香剪鐙草

山右訪碑記

會稽魯燮光瑶仙著　同邑顧燮光鼎梅校輯

上古三代

石室山磨崖　古篆人莫之識　太原府太原縣

黃帝廟古碑　碑陰黃帝贊　平陽府曲沃縣

伏羲廟古碑　平陽府吉州

寶峯碑影　光明如鏡新會梁廸詩古寺荒涂有剩碑　潞安府屯留縣

箕山石壁科斗文　遼州

上古籛鏗墓碑　字剝落　蒲州府萬泉縣

赤崖古篆　代州五臺縣

姑射山南洞古碑　光可鑑髮字畫甚精不可識　平陽府臨汾縣

禹廟三古碑　二文不可識其一魏太和年立　絳州河津縣

紫團山磨崖古籀　宋王輔道有詩賦三十六景石刻　潞安府壺關縣

周大夫祈奚墓碑　剝落不可辨　太原府祁縣

先賢公冶長墓碑　字剝落　遼州

卞和古墓碑　字剝落　潞安府屯留縣

漢

呂梁碑　劉躭撰可辨者六十字言舜禹治水事　汾州府永寧縣

郭有道碑　建寧二年蔡邕撰書邕曰吾碑銘多矣惟郭有道碑無媿色久湮沒國朝傅山重立　汾州府介休縣

故持節侍中太宰司徒公右部魏成獻王碑　平陽府臨汾縣

留侯張良墓碣　平陽府襄陵縣

孝子董永墓石　字剝落　蒲州府萬泉縣

大將軍霍去病墓斷碑　忻州定襄縣

文帝薄太后灘萬歲富貴磚　保德州河曲縣

太史司馬遷墓碑　永嘉四年　漢陽太守殷濟立　絳州河津縣

舞陽侯樊噲墓碑　霍州趙城縣

李陵碑 歸化城

晉

西河王司馬子盛碑 太康中索靖八分 汾州府汾陽縣

介山綿山碑 字剝落 蒲州府萬泉縣

韓王節度使王建立墓碑銘 遼州榆社縣

光祿大夫李熹墓碑 沁州武鄉縣

藺相如祖塋墓記 霍州趙城縣

北魏 東西魏附

平城長慶寺舍利塔磚 神䴥四年 大同府

孝女女勝墓碑 平陽府臨汾縣

孝文大禹廟碑 平陽府吉州

孝文碑 可辨六十八字 朔平府右玉縣

雲巖寺石壁佛象 大同府大同縣

元象元年造象 遼州和順縣

興和元年劉懿墓志 正書 忻州

張始孫造象 大魏元年 解州安邑縣

按西魏廢帝欽立于辛未並未建元甲戌宇文泰廢欽立其弟廓稱恭帝僅四年丁丑正月宇文覺受恭帝禪此即第四年魏亡之年云元年者當是受禪之始都長安二月尚未改周耳

北齊

風峪華嚴經石刻 天保二年 隸書 太原府太原縣

法華寺碑 天保二年 蘇禹珪撰 王好古書 太原府太原縣

佛經石刻 天保二年 隸 太原府陽曲縣

相國寺碑 天保三年 正書 平陽府汾陽縣 一作臨汾縣

李文靜文簡父子報德像碑 天保六年 燕州釋仙書 潞安府長子縣 或云平定州

童子寺石象 天保七年 太原府太原縣

陽阿故縣村造石象記 河清二年 正書雜篆 澤州府鳳臺縣

古石塔造象 天統三十年 遼州榆社縣

北周譙郡太守曹恪碑 天和五年 正書 解州安邑縣

北周興國寺李早生等造象題名 解州安邑縣

隋

長城石刻 開皇元年 贊皇縣丁夫築 太原府岢嵐縣

天龍寺石室銘 開皇四年 澤州府鳳臺縣

開封儀同三司韓祐墓誌銘 開皇六年 正書 潞安府長子縣

梁州刺史陳茂碑 開皇十四年 蒲州府猗氏縣

胡叔和造石像記 仁壽二年 正書 澤州府鳳臺縣

唐

隋益州總管府司馬裴鏡民碑 貞觀十一年 李百藥撰 殷令名正書 絳州聞喜縣

晉祠碑銘 貞觀二十一年 太宗御製文及銘碑陰 行書 太原府太原縣

上柱國郭公殘碑 乾封二年 汾州府汾陽縣

碧落碑 咸亨元年 李訓誼篆書 絳州

鄭惠王造石塔記 咸亨四年 釋洪滿撰并行書 潞安府長子縣

上柱國任恭碑 上元三年 正書 汾州府汾陽縣

聖帝感舍利塔銘 儀鳳三年 戴安業撰 張毅正書 潞安府長子縣

白鶴觀碑記 垂拱二年 元遺山撰并書 忻州

邑令張懷器去思碑 天授二年 盧照隣撰 平陽府翼城縣

揚州都督長史薛寶積碑 長壽二年 王處撰 王應坦正書 蒲州府永濟縣

口部將軍功德記 景龍元年 郭謙光隸 太原府太原縣

卬州刺史狄公碑 先天元年 正書 太原府太原縣

虞鄉令劉行忠碑 開元三年 正書 蒲州府永濟縣

處士胡佺墓誌 開元三年 汾州府介休縣

錦屏山摩崖石刻 開元三年 王翼隸 平陽府吉州

興寺碑 開元六年 許景光撰并隸 絳州聞喜縣

慶唐觀碑 開元十四年 御書碑文 平陽府浮山縣

龍角山元元宮碑 開元十六年 史惟則隸 平陽府浮山縣

慶唐觀紀聖銘 開元十七年 明皇御製八分 平陽府浮山縣

慶唐觀紀聖銘碑陰 開元十七年 呂向正書 平陽府浮山縣

禪成造石浮圖記 開元十八年 正書 太原府太原縣

魏文侯墓碑 開元廿年 李義令楊仲昌撰 汾州府孝義縣

侍中正平郡公裴光庭碑 開元廿四年 張九齡撰 李林甫篆額 絳州聞喜縣 元宗行書

祠部員外郎裴稹墓志 開元廿九年 裴朏撰并正書 絳州聞喜縣

石壁寺高氏鐵彌勒像頌碑 開元二十九年 林諤撰 高氏書 歐陽文忠云余入晉中拓高氏碑二通宛然二王法 太原府交城縣

張智度墓銘 天寶元年 褚遂良書 存百餘字 汾州府平遙縣

賜張說勅 天寶元年 絳州聞喜縣

慶唐觀金籙齋頌 天寶二年 崔明允撰 史惟則隸 平陽府浮山縣

琵琶滋詩并序 天寶五載 王紆正書 澤州府鳳臺縣

義興周夫人墓志 天寶六載 碑在萬年縣後爲山西汾陽某氏攜去今屬汾陽 汾州府汾陽縣

思道禪師墓志 乾元元年 行書 解州夏縣

崇徽公主手痕碑 大歷四年 霍州靈石縣

妒神頌 大歷十一年 李謹撰並書 平定州

魏文侯師段干木廟銘 興元元年 趙彤書 解州芮城縣

移舟河記 貞元七年 武少儀撰并書 澤州府高平縣

上柱國梁思墓志 貞元九年 正書 汾州府平遙縣

臺駘神廟碑 貞元九年 令狐楚撰 汾州府汾陽縣

義陽郡王李抱眞德政碑 貞元九年 董晉撰 班弘正書 韓秀弼篆額 長治縣

太保李良臣墓碑 貞元十一年 李宗閔撰 楊正正書 太原府榆次縣

河東鹽池靈慶公神祠碑 貞元十三年 崔敖撰 韋縱正書篆額 解州安邑縣

靳英布墓志銘 貞元十七年 張遇撰行書 代州崞縣

晉司空王卓神道碑 貞元十七年 王顏撰 韋縱正書 袁滋篆額 臨晉縣

追封十八代祖晉司空太原王公神道碑 貞元十七年 王顏撰 韋縱書 蒲州府臨晉縣

晉祠新松記 元和元年 太原府太原縣

龍泉記 元和三年 張鑄撰 裴少微書 解州芮城縣

朔方節度使安定郡王李光進神道碑 元和十五年 令狐楚撰 李元書 太原府榆次縣

報國寺泛舟禪師塔銘 長慶二年 袁允撰 薛穎正書 解州安邑縣

贈太保李良臣碑 長慶二年 楊正正書 太原府榆次縣

長慶樊刺史絳守居園池石刻 長慶三年 絳州

龍泉後記 太和六年 鄭澤撰 姚全正書 解州芮城縣

青蓮寺碑 太和七年 僧道振撰 司徒映正書 太原府榆次縣

黃公記 開成二年 絳州

贈太尉李光顏墓碑 開成五年 李程撰 郭虔正書 太原府榆次縣

馬恒郝氏二夫人墓志銘 開成六年 蒲州府永濟縣

冷泉關河東節度王宰題名 大中三年 正書 汾州靈石縣

重立郭林宗碑 咸通元年 八分 蒲州府介休縣

重立郭林宗碑陰 汾州府介休縣

碧落碑釋文 咸通十一年 鄭承規書 絳州

金剛般若波羅蜜經幢 天復三年 李宗正書 澤州府鳳臺縣

古烏突郡碑記 開皇初改五社東關豐市街有碑 汾州府臨縣

貞觀佛足碑 代州五臺縣

太宗砥柱銘 魏徵撰 解州平陸縣

龍泉寺泌水碑 虞世南撰并書 太原府交城縣

白鶴觀碑 虞世南書 潞安府長子縣

鄭太子墓誌銘 盧照鄰撰 平陽府翼城縣

靈光寺碑 王勃撰并書 平陽府曲沃縣

九龍寺碑 尉遲敬德撰 甯武府偏關縣

李淳風墓小碑 太原府徐溝縣

狄梁公碑 遼州榆社縣

壯觀碑 李太白書 大同府渾源州

贈揚州大都督趙良弼墓碑 顏眞卿撰并書 蒲州府虞鄉縣

儒學夫子廟碑 顏眞卿書 太原府太原縣

僕射薛嵩神道碑 程浩撰 解州夏縣

韓昌黎夕次壽陽驛題詩碣 題吳郎中詩後 平定州壽陽縣

尙書右僕射裴公墓誌銘 許孟容撰 歸登隸書 蒲州稷山縣

尙書左僕射劉公墓志銘 韓愈撰 太原府陽曲縣

柳州刺史禮部員外郎柳宗元墓碑 韓愈撰 蒲州府虞鄉縣

老君洞後崖題名 韓愈吳丹過此六字 平定州

段文昌墓碑 文剝落 大同府大同縣

普救寺慈濟得道碑 平陽府襄陵縣

太谷令安廷堅美政牌 房璘妻高氏書筆畫遒麗歐陽文忠云余集錄博矣婦人筆畫著于金石者高氏一人而已 太原府太谷縣

河中絳隰節度使薛平墓碑 蒲州府萬泉縣

琴高眞人靈泉碑 沁州沁源縣

右臺侍御史宋務先墓碑 文剝落 汾州府永甯縣

大唐故尙書汾陽縣君墓十字碑 蒲州府萬泉縣

晉王墓上透玲碑 石光如鏡元季兵燹止留二尺許 大同府應州

邑令崔府君碑 潞安府長子縣

集王右軍書殘石 置學宮 潞安府長子縣

古渾源河碑記 石螭首上篆刻開[扌叚]渾河碑記成化時人得于河中 大同府應州

趙村三碑 朱彝尊訪而跋之 均在趙村距縣三十里 太原府榆次縣

尊勝陀羅尼經幢 澤州府

長子令崔府君墓碣　沁州沁源縣

許孝恭墓志　太子中書孟楷書　平陽府曲沃縣

吳道子石刻　署內南極老人圖　絳州

女媧廟碑銘　張仁愿書　霍州趙城縣

勅修應聖公祠堂碑　李執方書　霍州趙城縣

風峪石經　有武后制字　太原府太原縣

齊太公廟碑　字剝落　錢少詹云唐以前刻石　解州芮城縣

五代　後唐　後晉　後周　北漢附

首陽山廟丁約題名　同光元年　蒲州府永濟縣

河東監軍張承業墓碑　同光元年　至元重刻　太原府交城縣

振武節度使李存進碑　同光二年　梁邕正書　太原府太原縣

千峯禪院勅　天成元年　明宗御書　澤州

乾明寺尊勝陀羅尼經　天成三年　劉紹正書　澤州

聖字山崆峒巖記 天福五年 僧吾閑撰幷書 澤州府鳳臺縣

建雄節度使相里金碑 天福五年 李相撰 成知訓正書 汾州府汾陽縣

贈太保義成軍節度使史匡翰碑 天福八年 太原閻光遠行書、朱竹坨訪得 太原府太原縣

開化寺琺巖閣記 開運二年 蘇禹珪撰 蘇曉書 元至正八年重刻 太原府太原縣 或云陽曲縣

龍泉禪寺記 顯德三年 王披可書 澤州府陽城縣

玉兎寺現身羅漢遺語碑 顯德五年 王福新撰正書 平陽府浮山縣

重修思道和尚塔記 乾祐二年 釋守澄撰 崔虛己正書 左行 夏縣

天龍寺千佛樓碑 廣運二年 劉守清行書 太原府太原縣

宋

重修孚祐大將軍廟碑 開寶六年 李翰撰 平陽府浮山縣

福巖院牒 太平興國三年 鳳臺縣

幷州新修廟學記 太平興國四年 韓琦撰 太原府陽曲縣

絳帖十卷 淳化五年 潘駙馬師旦 絳州

絳州重修夫子廟碑 咸平二年 李垂撰 集右軍書 絳州錢少詹云碑殘闕只存六月癸巳朔字 王昶定天聖十年爲確

玉兔寺實錄 景德二年 浮山縣

重修魏孝文廟碑 祥符二年 劉淳撰書 澤州府鳳臺縣

折太君碑 大中祥符三年 保德州

祀汾陰碑 大中祥符五年 王旦撰 尹熙古行書 汾陽縣

河東轉運使陳堯佐劄子 祥符八年 澤州府鳳臺縣

陳堯佐請平治太行山道劄子 祥符八年 絳州絳縣

后土廟記 天禧四年 裴瑾撰書 蒲州府猗氏縣

河亭記 天聖六年 文彥博撰 平陽府翼城縣

重建文廟碑 天聖八年 文彥博撰 平陽府翼城縣

澤州龍潭記 天聖九年 夏侯觀撰書 澤州府鳳臺縣

解州鹽池新堰箴并序 天聖十年 集王右軍書 解州安邑縣

玉兎淨居詩 明道二年 張仲尹撰 僧靜萬集右軍書 浮山縣

謁首陽山二賢祠文 慶歷四年 邵必撰 黃載篆 蒲州

晉祠禹門題名 皇祐三年 太原府太原縣

晉祠碑陰余藻題名 至和二年 汾陽縣

汾州別立摩崖碑文記 嘉祐五年 衞景初撰書 汾陽縣

狄武襄公神道碑 嘉祐七年 王珪撰 宋敏求書 汾陽縣

賈逵碑 嘉祐八年 歐陽修書 平陽府曲沃縣

鹿苑寺碑 治平二年 王安石撰 平陽府洪洞縣

盧大雅等題名 熙寧元年 王李正書 在晉祠碑陰 太原縣

玉皇廟碑陰題名 熙寧九年 鳳臺縣

神宗賜文彥博詩 元豐三年 御書附彥博記 介休縣

賜文彥博詩勅并序 元豐三年 汾州府汾陽縣

耆英會圖並詩 元豐六年 司馬光書 夏縣

呂升卿題名 元豐七年 在晉祠碑陰 太原縣

惠明寺舍利塔碑 元豐八年 呂惠卿撰書 范子諒篆額 太原縣

布衾銘 元祐三年 司馬光撰 八分書 夏縣

丹陽郤壚題名 元祐四年 在晉祠碑陰 太原縣

曹郡侯曾布題名 元祐四年 吳則禮書 在晉祠碑陰 太原縣

禹王廟司馬旦題名 元祐四年 八分 夏縣

禹王廟司馬光題名 元祐四年 八分 夏縣

壽陽修學記 元祐七年 李毅撰 王可正書 壽陽縣

芮城縣題名記 元祐七年 章文炳撰書 芮城縣

汾州平遙縣淸虛觀記 元祐七年 謝悰撰 朱處厚正書 平遙縣

重修天王堂記 元祐七年 馬天口撰書 鳳臺縣

大安壽聖寺碑 紹聖三年 劉寬撰 僧洪濬書 芮城縣

李長者行蹟碑 崇寧元年 平定州壽陽縣

方山太原帖 崇寧二年 壽陽縣
方山員逢源謁李長者祠詩 崇寧三年 壽陽縣
蒲臺廟碑 崇寧口年 平定州
龍泉二大字 大觀三年 許巽篆 鳳台縣
方山政禪師行狀記 政和三年 僧宗悟撰 郭瑗書 壽陽縣
天慶觀時庚題名 政和三年 鳳台縣
錦屏山張道益等題名 政和四年 吉州
錦屏山江染題字 政和四年 篆書 吉州
晉祠銘碑陰轉運使陳知存題名 政和五年 陽曲縣
晉祠銘碑陰開封苗仲淵題名 政和五年 陽曲縣
福嚴寺鑾公塔銘 政和六年 僧仁慶撰書 鳳台縣
二仙廟記 政和七年 衛尙撰 王重書 鳳台縣
崇道觀牒 政和八年 臨汾縣

錦屏山陳彪題名　政和八年　吉安

敕賜神居洞崇道廟額碑記　宣和元年　趙石鈞書　臨汾縣

方山長者龕記　宣和二年　張商英撰書　陳知質篆額　壽陽縣

曇延法師讚　宣和二年　王干撰書　永濟縣

北岳王潭等祀祠題名　宣和二年　陽曲縣

錦屏山詩　宣和三年　張述撰書　吉州

錦屏山魏伯文題名　宣和四年　吉州

祭汾東祠文　宣和五年　姜仲謙撰　趙令疇書　陽曲縣

勅嘉潤侯牒　宣和七年　浮山縣

潞公軒記碑　宣和口年　文彥博書　平陽府翼城縣

宣和尚書省牒　宣和口年　澤州府鳳台縣

太宗壽寧寺書庫碑　眞宗御書　太原府陽曲縣

忠清粹德碑　哲宗御篆　蘇軾撰文　解州夏縣

神霄玉清觀碑 徽宗御製 太原府岢嵐州

洪福寺瑞鶴詔 徽宗御製 字剝落

禹廟題名石刻 太師温國公題堯舜民范希道俱嘆賞載瀾洄莊石刻 解州夏縣

知足齋石刻 温公手筆旁刻温公幷文潞公小象嵌祠堂壁間 解州夏縣

贈尚書比部郎中司馬諮太常少卿司馬里墓表 温公撰文 解州夏縣

薛簡肅公墓誌銘 歐陽修撰 絳州

叅知政事薛奎墓碑 歐陽修撰 絳州

趙襄子墓碑 李隨撰 太原府交城縣

訓廉銘訓刑銘 宋石刻 平陽府浮山縣

崔府君伏虎記 潞安府長子縣

宇文光墓誌銘 吳陶撰 潞安府黎城縣

伏虎禪師遺像 潞安府黎城縣

嘉禾詩 汾州府永寧州

工部侍郎滕茂實碑 篆九字 汾州府永寧州

二聖配享碑銘 蒲州府榮河縣

漢壽亭侯廟碑 李漢傑撰 沁州

學士張商英碑 平定州壽陽縣

舍利塔碑陰 太原縣

幷州刺史陳堯佐柳溪斷碑 太原府陽曲縣

遼

甯鑒墓誌 乾統二年 虞仲文撰幷書 朔州

金

北岳李克用碑後高君陳題名 天會十二年 陽曲縣

蒲州榮河縣創立后皇地祇廟象圖 天會年 明重刻 榮河縣

汾州葬枯骨記 皇統二年 李致堯撰書 平遙縣

普恩寺修殿記 皇統三年 朱弁撰書 大同縣

重修帝堯廟碑 皇統三年 范㯪撰 平陽府浮山縣

興福寺重修大殿三門記 正隆元年 張忱撰 僧福崇書 汾陽縣

重修天龍寺銘 正隆四年 智允迪撰 任㚖書 太原縣

英濟侯感應碑 大定二年 史純撰書 陽曲縣

方山雷竭無盡居士祠堂詩 大定三年 壽陽縣

萬卦山詩 大定六年 史口撰 交城縣

廣福院尚書禮部牒 大定七年 鳳台縣

隴西李口墓誌銘 大定十一年 賈圻撰書 安邑縣

昌寧公廟記 大定十三年 王遵古撰書 汾陽縣

大清觀碑 大定十四年 喬扆撰書 沁源縣

先軫廟碑 大定十五年 趙陽撰 遼州

太清觀碑 大定口年 李俊民撰 澤州府陽城縣

重修九龍廟碑 大定十六年 崔昱撰書 太原縣

應聖公廟碑 大定二十年 仇守中撰 王綱書 趙城縣
冀天龍墓表 大定廿五年 郝天麟撰正書 太谷縣
李氏園題詩 大定廿八年 喬扆撰書 洪洞縣
太原府學碑 明昌二年 趙渢撰書 陽曲縣
重修天聖觀紀聖碑亭記 明昌三年 毛麾撰 孔之固書 浮山縣
碧落寺敕修溪堂記 明昌五年 許安仁撰書 澤州
重書旌忠廟牒幷記 明昌五年 許安仁撰書 澤州
昌寧公廟碑 明昌五年 張守愚撰書 靜樂縣
許安仁游靑蓮寺詩 明昌六年 澤州
靑蓮寺許古題名 承安六年 澤州
靈澤王廟碑 泰和二年 王陞臣撰書 潞城縣
天壇三淸廟碑 泰和三年 段時可撰 李彬書 猗氏縣
重修宣聖廟碑 泰和三年 張邦彥撰 蒲州府萬泉縣

首陽山弔夷齊詩 泰和四年 王仲通撰書 永濟縣

硤石山福嚴禪院記 泰和六年 楊庭秀撰書 澤州

法輪院題詩 泰和六年 楊庭秀書 澤州

謁二賢祠題記 泰和七年 王文蔚撰 李億書 永濟縣

泰和古姜嫄墓碑 泰和□年 王藻撰 絳州絳縣

翰林侍讀學士王晦碑 貞祐□年 澤州府鳳台縣

游方山詩碣 元光二年 王□撰 平定州

陳仲謙墓志銘 正大二年 元好問撰書 臨晉縣

楊文獻公神道碑銘 正大□年 元好問撰 平定州

烈女聶舜英墓銘 元好問撰 代州五臺縣

段領軍都元帥墓碑 正大七年 解州芮城縣

清虛觀陰符經石刻 趙秉文撰草書 平遙縣

佛宿山王拱碑 大同府山陰縣

城隍廟八角柱古石經 大同府應州

元

首陽二賢寺碑 至元十一年 王惲撰 王博文八分 永濟縣

栖巖寺碑 至元十一年 陳賡撰 王惲正書 永濟縣

樂安會記 至元十七年 趙溫撰書 平遥縣

澤州長官段直墓碑 至元二十七年 劉因撰書 澤州

靈慶公神祠碑陰解鹽司判官郭榮題名 至元二十七年 安邑縣

梁公祈雨感應詩 至元廿九年 張唐臣撰 楊天澤書 平遥縣

夷齊廟加封號記 元貞元年 柳謙撰 趙民書 蒲州

芮王廟記 大德元年 何南卿撰 樊彥書 芮城縣

解州鹽池資寶王加號勅碑 大德二年 解州

郝天挺墓碣銘 大德三年 元好問撰 郝宋麟書 陵川縣

郝文忠墓誌銘 大德三年 閻復撰書 陵川縣

重刻哀恒山公武仙詩　大德四年　李孝純題書　鳳臺縣
古陶禪院題名　大德六年　元好問書　陽曲縣
謝天吉神道碑　大德七年　麻革撰書　臨晉縣
棲巖寺中書省牒　大德七年　永濟縣
重書秋風詞　大德十一年　董若冲書　汾陽縣
司馬溫公文潞公合象　大德十一年　夏縣
府尹姚天福墓碑記　大德十一年　虞集撰　絳州稷山縣
四川廉訪使梁天翔神道碑　延祐二年　李原道撰　趙孟頫書　平遙縣
金仙寺裕公道行碑　延祐七年　趙孟頫撰書　翼城縣
豐州修路碑　延祐七年　張鑄撰　歸化城
堯帝廟碑銘　泰定元年　王磐撰　寗若拙書　臨汾縣
禹廟詩　至正八年　歸暘撰書　安邑縣
萬封山野雲行業記　至正十二年　郝忠撰書　交城縣

重修文水縣學記 至正十四年 郝忠撰書 文水縣
柏林寺重建李晉王影堂碑 至正十五年 五臺縣
提舉張著墓碑 王惲撰 平陽府襄陵縣
洪洞子石元亨墓碑 揭傒斯撰 平陽府洪洞縣
孝子靳昺墓碑 揭傒斯撰 平陽府曲沃縣
鄉賢屈繼平墓誌銘 侯均撰 平陽府翼城縣
禮部尚書吉祥墓碑 趙孟頫撰 平陽府汾西縣
西蜀廉訪司梁公神道碑 李元道撰 趙孟頫書 元明善篆額 汾州府平遙縣
廣裕大師道行塔碑銘 趙孟頫撰 絳州稷山縣
呂簡肅沇墓碑 虞集撰 汾州府汾陽縣
新修文廟碑 虞集撰 平定州孟縣
梁公禱雨碑 汾州府平遙縣
[illegible]兵馬總管袁湘神道碑 姚燧撰 汾州府臨縣

脱脱丞相墓碑 大同府大同縣

薛御史墓碑 大同府懷仁縣

左丞李彦古墓碑

重修文廟記 李俊民撰 澤州府鳳臺縣

二程先生祠堂記 郝經撰 澤州府鳳臺縣

段直墓碑 劉國撰 澤州府鳳臺縣

李忠孝感碑 李崇德立 霍州趙城縣

坿

明寶賢堂石刻

晉藩世子奇源集寶賢堂法帖鼎革時石多散失順治十六年太原守宗彝搜得二十餘塊康熙十九年陽曲令戴夢熊摹舊拓本又補五十三塊而全帖以完今嵌于晉陽書院間壁

山右訪碑記終

跋

俗吏錢穀簿書疲於奔命宜其不知搜訪彼竪儒從而文之庸妄紛如又何誅焉　公以雋雅善文章浩穰繁劇戴星出入乃能於散落之餘使二千年古蹟頓出塵表不惟好奇嗜古而興廢補敝亦可以槪其爲政矣使後之采風者得以故事列於記載文獻藉以有徵焉謂非公之功耶闇敬銘注

跋

吾浙魯瑤仙大令於光緒初作宰山右因當道有訪輯山右金石志之舉乃就記載傳聞者得金石凡三百四十餘種彙爲一編名曰山右訪碑記然倉卒編輯年代多未詮次而重複罣漏亦復滋多蓋初稿本而尚待修正者也數十年未經印行瑤仙爲吾浙金石家著作僅此一種若任湮沒殊可惘矣爰從吳君幼潛處假得原稿稍加整理爲付手民與夏君玉延所著山右金石錄互相參考固言三晉金石者之大輅椎輪者耳戊辰孟秋會稽顧燮光跋於海上遯世无悶樓

山右金石存略目録摘要

山右金石存畧目録摘要

山右金石存略目録摘要

山右金石存略二十卷堯都宗生松堆氏所
著即嘗為余己丑歲試所得士品粹而文醇試
畢攜是書來謁余惟山右為古帝王之區自唐
虞商夏下已歷漢五代趙宋金元之盛其遺文
遺跡之存於世者多散於僧寺山林墟莽窮
崖絶谷之間且為人所搨轉尤流記録
者新之實然如魏侍中劉懿墓志道光中
始出忻州近年長治出程哲碑絳州出張保

洛造像記龍雅常樂石佛記閻袁出世郎氏
造像記元魏等石又有太原王懸集書軍書
東藏碑銘出空囊數皆文辭典古書法精至
足為墨池楷則而為前人著錄所未及也夫
物之伏地不宣以遲見其幸而得拾於人世者又
豈能免剝蝕殘毀之虞即金石著錄之其湮
而不彰與彰而旋湮者亦何可勝道惟通志古蹟
編續成書並傳為金家門此卷所錄多
原於王霽亭志界及新刊山西通志諸書

並於碑碣鐘銘款識內之目覩且多躬自
採擇迄今年來授士所至撫訪求墨搨寄是
書相證皆確鑿可據設予將受代去爰
錄數語於簡端而歸之
光緒十七年歲次辛卯中秋下旬山右精舍
侯在山右首延鶴士一序

山右金石存畧目録摘要

堯都宋陳韡

商

父癸敦銘　藏聞喜任氏銘六字篆書

驅卣銘　藏聞喜任氏銘六字篆書

周

杜菁觶銘　藏壽陽祁氏銘七字篆書

吳王孫鑑銘　藏鄉寧楊氏銘十三字篆書

遲父鼎銘　藏曲沃天成亨號銘三十字篆書

漢

郭林宗碑 建甯二年蔡邕撰并八分書在介休縣

重摹有傅鄭姜三家本

北魏

華成國造像記 正光四年正書藏絳州張氏家

程哲碑 天平元年正書在長治縣袁家漏村

紅林渡佛龕題記移穰村 元象元年正書在平定州

壽聖寺造像記頭村 元象元年正字書在和順縣寺

路魏墓誌 興和二年正書藏忻州陳宅

李樂寺造像記 興和三年正書在平定州

張保洛造像記 武定七年正書藏絳州張氏家

閻寶禺紀德碑 武定七年正書在平定州千畝坪

老子祠造像記 大統十四年正書在芮城縣蔡村

孝文皇帝碑 年月佚正書在永甯州孝文山廟中

壽寧寺碑 年月佚正書在陽曲縣大漢村

魏齊三佛龕題記 一武定五年一皇建紀年一河清二年皆正書在平定州亂柳村西石崖

北齊

風洞華嚴經石刻柱 天保二年正書在太原縣

邢多造像記 天保二年正書在定襄縣

崇聖寺碑 天保三年正書在汾陽縣古相里

張祖造像記 天保四年正書雜隸額在聞喜縣東鎮

郭德像碑 天保六年李清撰釋仙正書在平定州石門口長國寺前巖

禪慧寺石幢 天保十年正書王歆儁造在介休縣史村

陽阿故縣造石像記 河清二年正書雜篆隸在鳳臺縣大陽鎮

佛經石刻 河清三年正書藏絳州洪宅

彌勒像記 武平四年正書在平定州上磐石村山崖

北周

譙郡太守曹恪碑　天和五年正書在安邑縣石碑莊

檀泉寺造像記　保定二年正書在聞喜縣寺底村

隋

寶泰寺碑　開皇五年正書在絳城縣故縣村

蘇遵造像記　開皇七年正書在永濟縣八戶村常宅

教戒經石刻　開皇十三年正書兼隸體在靈邱縣千佛堂崖上

張村造像記　開皇十五年正書在壺關縣太會村

胡昧和造石像記　仁壽二年正書在鳳臺縣興龍寺

棲岩道場舍利銘　仁壽四年賀德仁製正書在永濟縣

汾陽陵寺碑 仁壽　年正書在陽曲縣羅陰村

唐

景雲觀天尊碑 貞觀八年正書在聞喜縣紀底村

隋裴鏡民碑 貞觀十一年李百藥撰殷令名正書在聞喜縣

晉祠銘 貞觀二十二年太宗製并行書在太原縣晉祠碑陰陸徑題名

釋迦如來成道記 永徽三年王勃撰正書在曲沃東閻村元重摹

上柱國郭君碑 乾封二年正書在汾陽縣永安鎮

鄭太子壽碑 總章元年盧照鄰撰正書在翼城縣西雲庄村

碧落碑 咸亨元年篆書在絳州署儀門內東窗按碑陰上段黃公記開成二年李漢撰

正書下段鄭南規釋文咸通十一年南規正書碑側有楊損記

申德墓誌　咸亨元年正書在祁縣申村

鄭惠王造石塔記　咸亨四年釋法滿撰行書在長子縣法興寺

聞喜令蘇君德政碑　咸亨年　欽克忠正書在聞喜縣東鎮

梵境寺舍利銘　儀鳳三年戴安業撰行書在長治縣

白鶴觀碑　垂拱二年正書在長子縣城西北隅

大雲寺彌勒重修碑　天授二年杜登撰荆師古行書在猗氏縣

姬素墓誌　聖歷二年行書在屯留縣姬村

勿部將軍功德碑　景龍元年郭謙光撰并八分書在太原天龍寺

剡行忠幡竿銘 開元三年 正書 在虞鄉縣石佛寺

王法墓誌 開元三年 行書 在屯留縣長畫底

唐興寺碑 開元六年 汙景先撰 僧師元八分書 在聞喜縣

王僧福墓誌 開元九年 正書 藏洪洞杜戌董宅

任愛墓誌 開元六年 正書 在汾陽縣中相里

錦屏山摩崖石刻 開元九年 王翼八分書 在吉州

夷齊廟碑 開元十三年 梁昇卿撰并八分書 在永濟縣首陽山

慶唐觀碑 開元十七年 元宗御製并八分書 在浮山縣天聖宮

智元墓誌并序 開元二十年 行書 在太谷縣鳳山書院壁

抱腹寺摩崖碑 開元二十年楊仲昌撰張晉鈇田曜書在介休縣

大龍都督郝琮墓誌 開元二十一年行書在屯留縣

吉祥寺經幢 開元二十七年正書在介休縣西水村

抱腹寺殘碑 開元殘年田琛八分書在介休縣綿山

鉄彌勒像頌 開元二十九年林諤撰房嶙妻高氏行書在交城縣石壁山全泰和間重摹

甘露寺經幢 天寶元年正書在平遥縣侯冀村

張智度墓誌 天寶元年正書在平遥縣西河書院

金籙齋頌 天寶二年崔明允撰史惟則八分書在浮山縣天聖宮

圓濟和尚塔銘 天寶二年崔明允撰董光欽行書在芮城縣法昌寺

琵琶泉詩并序 天寶五載 羅徽撰 王鍔正書 在鳳臺縣

天子廟靈碑 天寶十一載 蘇安卿正書 在太原縣文廟

多心經 天寶十一載正書 高子玠書 藏絳州張宅

智通禪師塔銘 天寶十三載 沙門復珪撰 行書 在永濟縣棲岩寺

晉州刺史李良金墓誌 大歷三年 行書 在臨汾縣東關 辛寺

韓守旦造像記 開元十九年 正書 在臨汾縣土門村

思道禪師墓誌 乾元二年 行書 在夏縣

柳只召墓誌 乾元二年 正書 在忻州南關

趙叡沖墓誌 大歷四年 邵説撰 王端八分書 在虞鄉縣孫常鎮

崇徽公主手痕碑 大歷四年李山甫撰并書在靈石縣南關鎮

薛嵩碑 大歷八年程浩撰韓秀實八分書在夏縣

妒神頌 大歷十一年李諲撰行書在平定州娘子廟閣

段干木廟碑 貞元元年盧士牟撰趙般正書在芮縣城縣東趙張村

果思墓誌 貞元九年正書在平遥縣吉祥寺

李抱貞德政碑 貞元九年董晉撰班宏正書在潞安郡學

鹽池靈慶公祠碑 貞元十三年崔敖撰韋縱正書在安邑縣路村

王卓碑 貞元十七年王顔撰韋縱正書在臨晉縣城西村

甘露義壇碑 元和八年李逢吉撰在交城縣石壁山重摹

重修古楞伽山記 元和六年正書在壽陽縣太平村

裴耀卿碑 元和七年許孟容撰歸登八分書在稷山縣

申屠暉光墓誌 元和十一年畢鐬撰正書在臨城合宦村

常舉墓誌 萬歲通天元年行書在屯留縣魏村

李良臣碑 長慶二年李宗閔撰楊正正書 按良臣與子先進光顏二碑均在榆次縣趙村俗所謂三唐碑近年土人碎碑瘞地不可復搨惜哉

彌勒菩薩上生變讚 寶歷元年侯改正書在鳳臺縣

福田寺碑 太和二年檀執柔撰裴弘慶正書在聞喜縣署内

龍泉前後記 前元和三年裴少微書 後太和六年姚合正書 在芮城縣

青蓮寺碑 太和七年僧道振撰司徒映正書在鳳臺縣

金剛經幢 開成元年皇甫曙正書在鳳臺郡道書院

王寧摩崖題名 大中三年正書在靈石縣監碑灘

通濟橋記 咸通十三年蕭珙撰正書在靈石監碑灘

任茂宏墓誌 大順三年高輦撰在汾陽縣

寶林寺經幢 天復三年正書在鳳臺縣周村

開元寺銅鐘 天佑十二年正書在鳳臺縣天慶觀

鄭居實經幢 天佑 年正書在鳳臺青蓮寺

鉄元帖像讚 闕 大歷元年胡伯成撰正書在平定州娘子

後唐

張承業碑　同光元年正書在交城縣元時重摹

李存進碑　同光二年呂夢琦撰梁邕正書在太原縣鄭村

普恩寺鐘　清泰三年正書在大同縣城本寺

後晉

新修解律王廟碑　天福五年正書在絳州城州治東

聖宮山崆峒巖記　天福五年正書在鳳臺縣

相里金碑　天福五年李象撰成知訓正書在汾陽縣北相里

史匡翰碑　天福八年陶穀撰陶文遠行書在太原縣黃陵村

開化寺碑 開運二年蘇禹珪撰蘇曉行書在太原縣蒙山法華寺

後漢

重修思道和尚塔銘 乾祐二年釋守隆撰崔盧己正書在夏縣

北漢

千佛樓碑 廣運二年李惲撰劉守清行書在太原縣天龍寺

後周

棲雲觀經幢 廣順三年正書在鳳臺縣郭莊

現身羅漢坐化遺蹟 顯德二年王禰新撰正書在浮山縣故城

龍泉禪院碑 顯德二年王叡百正書在陽城縣

董池聖母廟碑 政和四年董附撰正書在聞喜縣倉底村

舍利塔殿記 政和六年李瑩撰張霈行書在永寧縣棲岩寺

宋

女媧廟碑 開寶六年梁譯鹿譯撰張仁愿行書在趙城縣侯村

太岳廟碑 至道元年倪守剛行書在聞喜縣侯村

折太君碑 大中祥符三年正書在保德折窩村

陳堯佐劉子石刻 大中祥符六年行書在鳳臺天井關

東嶽廟碑 大中祥符九年王鼎撰并集王右軍行書在定襄縣東霍村

二聖配享銘 大中祥符四年正書在榮河縣城察院東

新堰銘 天聖十年張仲尹集王右軍行書在安邑縣運城

重修夫子廟碑 天聖十年李垂集王右軍行書在絳州文廟

覺成寺銅鐘記 天聖七年在河津縣東門外里許

玉兔寺詩刻 明道二年張仲尹撰僧靜萬集右軍行書在浮山縣

文宣王廟碑 至和元年趙瞻撰并正書在萬泉縣

司馬晉州待制哀詞 嘉祐元年雷憲正書在夏縣溫公祠堂

新修縣學碑 嘉祐二年甯智撰王子龍正書在曲沃縣文廟陰碑陰刊千佛名經

狄武襄神道碑 嘉祐四年王珪撰宋敏求正書在汾陽縣對村

畢公祠碑 治平元年薛宗孺撰鄭輔正書在絳州鼓堆村

范諤撰并正書在臨汾縣姑射山

洪崖子得道碑　熙寧九年吳勉也撰張傑正書在曲沃縣

恭世子廟碑　熙寧八年吳勉之撰張傑正書在曲沃縣

神宗賜文彥博詩勅并序碑　元豐三年行草在汾陽學

壽聖寺碑　元豐三年王仲儒撰并書在猗氏縣城

勅封祚德廟牒　元豐四年正書在太平縣故晉城

惠明寺舍利塔銘　元豐八年呂惠卿撰并正書在太原縣古城

司馬溫公碑　元祐元年蘇軾撰并正書在夏縣鳴條岡

布衾銘　元祐三年司馬光撰并八分書在夏縣溫公祠

高可墓誌　元祐三年嫘霖撰正書在崞縣申村

醉翁亭記 元祐六年蘇軾草書在翼城縣文廟

夷齊墓碑 元祐六年黃庭堅撰并正書在永濟首陽山

黃山谷述懷歌 缺年月黃庭堅行書在襄垣縣漳水書院

清虛觀記 元祐七年謝悰撰朱處厚行書在平遥縣城

大覺寺鐘 元祐七年在岳陽縣城南里許

王喬應題名 元祐[illegible]年畢裕正書在甯武縣樓子山

第一山石刻 缺年月米芾書在趙城縣羅雲山崖

金俺寺塔銘 元符年正書在榆次縣中社村

真宗文臣七條聖訓 建中靖國元年正書在絳州儀門內

唐李靖上西嶽書　李衞公祠　崇甯三年　楊大中刊　行書在陽城縣

永澤廟碑　崇甯五年　倪登撰　吳以正書在汾陽縣

高德嵩墓碑　大觀二年　王迹撰　正書在霍州庫撥村

五龍山神像記　大觀四年　趙士瑗行書在長治縣

趙和墓誌　政和六年　梁公輔撰并正書藏汾陽白氏

神居洞碑　宣和元年　趙不悦正書在臨汾縣姑射山

曇延法禪師碑銘　栖巖寺　宣和三年　王手撰并正書在永濟縣

方山長安龕記　寺　宣和二年　張商英撰　正書在壽陽縣昭化

潛心堂記　宣和三年　李皓撰　正書在絳州治儀門內

祭汾東祠文 宣和五年姜仲謙撰趙令畤行書在太原晉祠

神霄玉清萬壽宮詔 宣和元年御筆在岢嵐州宏福寺 按此詔長治平定均有

遼

慈雲寺舍利塔記 開泰八年和照撰正書在天鎮縣

覺山寺碑 重熙七年正書在靈邱縣

普同塔經幢 太康二年正書在大同縣城北寺

石表 無年月在五寨縣大辛莊

甯鑒墓誌 統乾二年虞仲文撰并正書在朔州鄂公祠

金

崇福寺院鐘 天會十二年在忻州治前故樓

葬柏骨銘 皇統二年李政克撰并正書在平遥縣城清虛觀

古弥勒院記 大定二年毛麾撰并行書在臨汾縣上陽村

大歷寺鐘 大定五年在徐溝縣治前

廣福寺牒 大定七年行書在凤臺縣周村

先轸廟碑 大定十五年趙捷撰邢律賛正書在遼州南州外

普恩寺碑 大定十六年朱弁撰孔固正書在大同城西南隅

呂先師詩石刻 大定二十一年章艸在永濟縣純陽宮

黄華老人詩刻 明昌年草書四絕在汾陽縣文廟

大中樓鐘識　明昌七年正書在臨汾縣鼓樓

台衛銘　泰和元年薛繼先正書在猗氏城莊武王廟

文悟大師功德幢　承安五年呂璠正書在洪洞縣賈村

段鐸墓誌表　泰和七年張魯翁撰正書在稷山縣平隴村

迴鑾寺鐘識　泰和七年張陵妻武氏正書在介休綿山

董佁祖樂府辭　泰和九年行草書在平遙縣城集福寺

昌寧公塚廟記　泰和八年張守愚撰劉仲寬正書在寧武縣寧化堡

亢泉更名碑　興定二年柳虛紫正書在臨汾縣東亢村

通元觀記　興定　年王綱撰正書在岳陽縣高壁村

南園記 正隆二年韓子端正書在絳州州治東

孚惠祠禱雨有應記 大定十六年孫守度誌正書在絳州鼓堆

陰符經 無年月趙秉文草書在平遥縣清虚觀

圓果寺經幢 無年月朱考正書在代州

正隆鐘識 正隆四年鑄在陽曲縣城鐘樓

元

太平崇聖宮聖旨碑 蒙古己酉蒙古書碑陰正書釋文在平遥清虚觀

重修堯廟碑 前至元六年王磐撰寗若拙正書在臨汾縣南奉廟

棲巖寺碑 至元十一年王惲正書在永濟縣

段直墓碑　至元二十七年劉同撰并正書　在鳳臺縣

清和真人仙蹟石刻　大德元年正書　在平遥縣清虚觀

重刻哀恒山公詩　大德四年李孝純題　在鳳臺縣天井關

重修大帝廟碑　大德十一年郭從禮正書　在甯鄉縣岢嵐山

郝天挺墓碣　大德三年元好問撰　郝采麟

畢璘墓碑　延祐元年李倜正書　在平遥縣畢官村

畢天翔墓碑　延祐二年李元道撰　趙孟頫正書　同上

孫氏世系官爵碑　延祐五年趙孟頫正書　在虞鄉縣南郭村

牛思祖墓碑　延祐五年趙孟頫書正書　在襄陵縣東柴村

金仙寺裕公和尚道行碑 后土廟 延祐七年孟趙孟頫撰正書在翼城縣

西城修路碑 延祐七年李文煥撰并正書在歸化城鄉統署

吉祥墓碑 無年月趙孟頫正書在汾西縣

米山宣聖廟碑 泰定元年宋翼正書在高平縣

殷璘墓碑 晁村 元統元年歐陽玄撰揭傒斯正書在繁峙縣東

姚天福墓碑 元統三年虞集撰并正書在稷山縣陽村

畢錦陽墓碑 年月佚揭傒斯撰在文水縣

會應王廟碑 五龍山 至正三年元凱撰韓鵬正書在長治縣

創鑿龍井記 至正四年周伯琦正書在同上

重修夫子廟記 至正二年 賈魯撰并正書 在絳州文廟

鄭衛會紀功碑 至正三年 郝霖正書 在鳳台縣周村

瑞雲觀碑 至正八年 張孝先草書 在靈石縣

石元亨墓碑 至正十一年 王士元撰 楊儼斯正書 在洪洞社北原

上官河水利記 至正二十一年 張守大正書 在臨汾龍祠

東神山廟桂碣 至正二十一年 邢非熹撰并書 在蒲縣

感應寺碑 後至元六年 許德基正書 在曲沃縣南西関

忠襄王廟碑 至正中 孫著撰 在解州

補遺

晋毋邱氏造像記 無年月正書在聞喜縣邱村

北魏李伯奴造像記 武定二年正書在平遥縣

北齊楊遵善造像記 武平五年正書藏絳州署

北齊焦神興造像記 武成二年正書在永濟縣北盤曲村

隋王昌造像記 仁壽三年正書在絳州

唐砥柱銘 山门 貞觀十二年魏徵撰薛純正書在平陸縣三

唐裴光庭神道碑勅 元宗命張九齡撰 年月失致明皇御筆行書在聞喜縣

唐金剛殿功德碑 寶應元年行書在壽陽縣双鳳山陽摩寺

唐榼山浮圖讚 開元二十五年張不狐撰鮮莊正書在沁水端氏鎮

唐經幢 總章年正書在臨晉縣署東後寺

宋惠澄和尚墓誌 開寶八年比部希林述並正書在永濟縣

宋汾州別立摩崖記 嘉祐五年謝景和撰正書在汾陽縣劉村

宋重修帝廟像記 崇寧三年李挺芳正書在浮山縣堯山

宋法興寺碑 元豐四年畢仲敬荀正書在長子縣慈林山

金澤州刺史李秘德政碑 皇統三年李偲正書在澤州署

金藏山廟碑 大定十二年智楫撰薛頤貞正書在盂縣神泉堡

元汾東王廟碑 至元四年馮褒正書在太原縣晉祠

元陰符經碣 無年月姚文謐書在渾源州恒山元靈宮

元李英孝思碑 無年月張起巖正書在大同縣大莊村

案維氏曰余纂山右金石存畧二十卷共集千
種經 管大宗師鑒定 楊秋肩學博採
入通志又撥付雕付以公同好因卷帙浩繁
所費甚鉅未登棗梨兹同人慫恿多歟
助資遂擇其佳並新出者二百四十種先付
剞劂名曰目錄摘要此書之嚆矢也欲窺
全豹異日再鐫云

補遺

勅賜靈仙廟額記 宋政和四年 沈昇撰 管詈正書 存長子縣

唐劉明遠墓誌 長慶二年 正書 在臨縣月鏡村

唐何知猛墓誌 天寶七載 正書 在永寧州

宋麓臺山聖俱寺碑 慶歷六年 正書 在平遥縣冀郭村 碑下半殘缺

金慈相寺碑 明昌五年 安泰撰書 顏諮篆額 在平遥冀郭村

傅公祠石刻叙録

傅公祠石刻叙錄

傅公祠石刻敘録

雲舫署耑

傅公祠石刻敘録

山西省文化委員會編印

傅公祠石刻叙録

弁言

金石編錄率分類繫年取便攬按茲編所述以局於原祠所有非如碑林叢帖可得類纂者比且祠初成亦祇先以寶賢兩帖構廈嵌陳或當時與事諸公將有所待冀取列百泉尊頡等帖蔚爲大觀耶餘石零星均後此陸續運展者小大之形不無安勉用是仍以寶賢兩帖褎然冠首庶披簡參觀知所後先非偏重法帖也餘石則仿通志金石記例依類別白各以時代相次俾後有損益易於增除至各案語一歸簡約以通曉原物之概觀爲範博證研討當另求之專箸也總核

全編釐爲五類一曰法帖計寶賢堂帖古寶賢堂帖二種二曰碑碣計曹恪碑洛陰寺碑妒神頌三種三曰造像計李僧元造像陳神姜造像毋丘氏造像張祖造像檀泉寺造像五種四曰摩崖計程哲碑一種五曰附錄則以傅公五龍祠塲圃記茶毗羊記天澤碑三種殿焉命曰傅公祠石刻敍錄免讀者滋體例是非之辨爰發其凡于此

傅公祠石刻叙錄

總目

法帖

寶賢堂帖

古寶賢堂帖

碑碣

北周譙郡太守曹恪碑 天和五年

隋洛陰修寺碑 仁壽

唐妒神頌 大歷十三年

造像

魏李僧元造像 武定八年

魏陳神姜四面造像 大統十三年

魏毋丘氏造像

北齊張祖造像記天保四年

北周檀泉寺造像記保定二年

摩崖

魏程哲碑天平元年

附錄

上蘭五龍祠塲圃記

荼毘羊記

天澤碑

傅公祠石刻叙録

法帖

寶賢堂帖

寶賢堂集古法帖卷首

淸事二字擘窠書 寶賢堂集古法帖序弘治九年晉世子奇源 皇帝宸翰弘治九年三月二十九日 寶賢堂集古法帖後序嫏雲書弘治三年二月

寶賢堂集古法帖第一

史蒼頡書 夏禹書 太史籀書 魯司寇仲尼書 秦丞相李斯書 秦□史程邈書 後漢車騎將軍崔子玉書 後漢張芝書 東漢蔡琰書 魏太傅鍾繇書 吳靑州刺史皇象書 古法帖

寶賢堂集古法帖第二

晉武帝書 東晉元帝書 宋明帝書 齊高帝書 梁武帝書 梁高帝書

梁簡文帝書　唐太宗書　唐高宗書　宋晉文孝王書　陳長沙王書　陳永陽王書　晉憲王書　晉王書

寶賢堂集古法帖第三

晉王羲之書

寶賢堂集古法帖第四

晉右軍將軍王羲之書

寶賢堂集古法帖第五

晉右將軍王羲之書

寶賢堂集古法帖卷第六

晉中書令王獻之書

寶賢堂集古法帖卷第七

晉中書令王獻之書

寶賢堂集古法帖第八

晉尙書令衛瓘　晉黄門郎衛常　晉侍中張華　晉丞相王導　晉尙書令王珣　晉中書令王珉　晉太宰郗鑒書　晉侍中郗愔書　晉中丞劉瓌之書　晉中書令王坦之書　晉司空索靖書　晉太傅謝安書　晉太傅万書

晉侍中王敦書　晉丞相口口書　晉侍中司馬攸書　晉侍中杜預書

晉司徒山濤書　晉太尉庾亮書　晉車騎將軍庾翼書　晉太守沈嘉口書

晉衛尉劉超書　晉散騎常侍謝璠伯書　晉黄門侍郎王徽之書　晉侍中王操之書　晉左將軍王凝之書　晉王渙之書　晉尙書王劭書　晉司徒王廞書　晉侍中紀瞻書　晉太守張翼書　晉都督陸雲書　晉海陵恭侯王邃書　晉謝發書

寶賢堂集古法帖卷第九

宋光祿大夫謝庄書　宋侍中劉穆之書　宋特進王曇首書　宋中散大夫

羊欣書　宋太常□孔琳之書　南齊侍中王僧虔書　宋給事中薄紹之書
宋征西將軍蕭思□書　梁尚書王筠書　梁沈約書　梁交州刺史阮研
書　梁廣州刺史蕭確書　梁侍中蕭子雲書　隋僧智果書　隋僧智永書

何氏書

寶賢堂集古法帖第十

唐秘書監虞世南書　唐中書令褚遂良書　唐太子率更令歐陽洵書　唐
禮部尚書薛稷書　唐陸柬之書　唐褚庭誨書　唐秘書監李邕書　唐太
子太師柳公權書　唐左率長史張顛書　唐太子太師顏眞卿書　唐校書
郎宋儋書　唐殿中丞李建中書　唐僧懷素書　唐釋高閑書

寶賢堂集古法帖第十一

宋翰林學士蘇軾書　宋員外郎黄庭堅書　宋前無爲軍米芾書　宋學士
蔡襄書　宋游□書　宋奎章閣侍制朱熹書　元饒介之書　元學十趙孟

頫書　元句曲外史張雨書　元學士袁桷書　元肅政廉訪使鄧文原書
元國子博士柳□書　元中書平章政事張珪書　元玄教太宗師吳全節書
元學士巙子山書　弘治庚戌維陽張頤題跋附

寶賢堂集古法帖第十二

明宋克書　明翰林學士解縉書　國子祭酒胡儼書　國子祭酒陳敬宗書
翰林學士鍾博書　中書沈爲忠書　按察使黃翰書　兵部郎中張弼書

右帖俗稱大寶賢堂帖凡十二卷明晉王世子奇源集古法帖序取淳化諸帖並明代以書名者數十家擇尤摹勒明末之亂石經散佚不全淸順治間郡守宗蒐補二十餘石（傳謂得之東門人家水竇中者所以有竇本之稱）嗣戴夢熊等復參撫舊拓勒補五十餘石（石之下角有戴補二字可識○愚按傅靑主跋謂延晋水段生絣鈎補鐫勒五十三塊云云或與此爲一事）而全帖以完帖爲弘治九年勒追今四百四十五年也

謹案古人法書勒爲叢帖者至宋淳化始備自是風行撫勒淳跋間作有明

一代能繼續流風傳行于世者有肅藩之淳化帖（一稱肅帖〇仍襲淳化舊名卷次亦不少變）周藩之東書堂帖（一稱汴帖）與晉藩此帖也顧汴帖撫勒無豐采肅帖豐肥濃態側出此則圓秀遒媚出周肅上或說載取絳帖原石而冒名寶賢按自序明言取庫中淳化及絳帖鉤之云云是其正以鈎得庫藏爲幸有足自詡者若取絳石爲冒或將飾之不遑何反言之跋中耶進言之若眞爲絳帖原石不更較鈎勒爲名貴乎清三希堂法帖可稱大觀然除快雪中秋伯遠三帖外亦只以多取勝然則此帖在法帖中自有其自身之價値非第有關晉獻已也

古寶賢堂帖

古寶賢堂法帖卷一

朱考亭書　褚登善書　黃山谷書

古寶賢堂法帖卷二

趙松雪書　唐六如書　文衡山書　晉世子書　董思白書　王覺斯書

沈繹堂書　徐健菴書　傅雨臣書　屠芷岸書　龐雪崖書　孫樹峯書

古寶賢堂法帖卷三

査聲山書　沈恪亭書　傅靑主書

古寶賢堂法帖卷四

陳香泉書　古寶賢堂法帖後序　蘇長公大江東詞附

右帖俗稱小寶賢堂帖爲鐵嶺李淸鑰守太原時取所藏唐儲登善宋黃山谷朱子元趙子昂墨蹟摹勒上石又益以近代人書凡四卷

謹案通志金石記稱法帖皆出後人摹刻不能復以上石之年爲次列其總部於前散列者附之集書又法帖之重儓也而其體式有類碑版則以撰文之時代爲斷云云此就金石專箸入錄法帖爲言也茲編依目案語未能仿此如此帖蘇長公大江東詞以金石記例應入卷一而原帖卷一未及且此詞幅面長短亦與各帙差異帖爲康熙五十七年鐫此則乾隆年上石似仍

以附後爲可徵實若必以作者先後爲次則登善豈居考亭後耶故一仍舊觀用免聚訟雖然亦信如楊秋湄氏所云又法帖之重儓矣山谷醜婦歌原石初出襄垣此當爲繙本又不盡爲墨蹟也俗稱法帖爲套帖其輾轉因襲信難見重記又稱以有晉世子書仍襲其名而別之曰古不甚可解其編次以朱子書弁首將以此事爲因文見道乎又何所取於王覺斯也云云按此帖所選朱書的係精品撫勒亦工此久經人道者弁首之意其以此乎然則其取覺斯或亦就書論書耳也餘帙亦均有勝境就全帖言當在終南仙綰等帖上

碑碣

曹恪碑

碑已殘泐高四尺六寸五分廣二尺四寸二十六行行五十一字正書前在安邑縣北石碑莊

大周故譙郡太守曹□□□碑

君諱恪字敂樂沛國譙人也其先皇帝當高陽之世陸終之子曰安是爲曹囗囗囗囗囗囗囗存囗囗之後又封曹囗於邾漢室龍興曹參爲相魏武皇帝以英桀之上才囗挺之濬哲囗爲魏祖歷載彌長君卽其後囗囗囗囗囗囗囗霖黃初三年立爲河東王食邑六千二百戶太和六平改封東海王嘉平元年薨謚曰定王禮也子啟嗣囗囗囗囗囗囗囗囗囗移逢茲不造囗深思遠大慮後變起遂令夫人達携二子長道貞次道英微行避難私稱姓禾唯求萬全囗囗囗囗囗囗囗囗囗民至後魏太和三年旨復曹氏爲祖矣英孫也僞姚鄉郡太守雅望淵邃博愛文艶導德齊禮善修政化囗囗囗囗囗囗囗囗父囗志尚清靜好學經誥矯然挺立不可以非義虧其性孝德慈風禀天氣而自遠文流洞照之藝因事以發囗囗囗囗囗囗相望於途致惟安神奉養不慕榮貴逢太武皇帝親摠六戎討逆賊薛永宗盖吳駕幸太州下召鄉儁導以前驅囗囗囗囗囗囗囗從駕西行討平凶醜隨赴北代遂充殿會土豪國有大議

必使參焉後欲還緒請乞歸侍聖上加愍假安邑□□□□□□積善禀質
秀靈幼懷廉雅之風長標獨善之策抱蘊德於奇年立成名於冠歲太和之季
馬圈殲覆孝文皇帝威□□□奮指麾君於□□國誌兵法優長乃勇略奮
發迹提戈投募先鋒擊賊前無横陣搴旗斬馘皇上自監即補千人軍將授綏
遠將軍駕還宮闕策勳飲至殿會之初以爲彌逆殊最皇帝臨軒宣勅褒賚賞
帛及綵兩百餘叚歌勞止之詩聽歸侍養使得盡懽膝下爾其孝德光於事親
忠誠形於接物穆穆閨庭之際恂恂鄉黨之間文麗彫篆學贍博通思入玄綜
性與天道翺翔詩書之苑遊息禮樂之塲若乃致□以□主汎愛以親人閭里
結諧密之懽朋故廣篤誠之信輕財若水重義如山一言可懷千金不恡景明
中會安邑府君卒君居喪率禮至性過人哀慟□中茹憂毀骨服勤雖闋餘痛
在心每仰凱風以長鶩遥寒泉而不息三年泣血未足云也五十猶慕方斯□
焉至延昌二年復遭毋憂君扣后土以窮號仰蒼天而自訴水漿不進□四晨

哭泣不絶聲踰月喪過於哀有感行路毁疢之至殆將滅性雖高柴泣血於囗
辰王脩孺慕於社日無以踰也去魏大統初君齒班踰距旨授本土譙郡太守
君妙窺玄綜探入禪惠機洞須囗慕囗凈名超遙解脱之門放浪濤曠之域君
雖老而敬信喻篤年將暮而脩崇無怠於是率竭家貲囗換法身闡融囗教造
浮圖一區素形綵囗囗於寶相又寫法華涅槃常奉讀誦恒持齋戒因有勞倦
方介囗景福貽我遠囗之壽永究囗興之禮囗大統十年秋忽遘疹疾醫禱囗
囗囗囗苓苓汎汎之影已淪滔滔之波不住春秋九十有七終於臨氏囗囗賓
既殯含識懷悲豈惟輟杵停歌云爾而已哉君有六子長迴歡次澄歡次驃騎
大軍將右光祿都督漢陽太守又任虞州別駕長史河中囗囗次囗縣功曹囗
賓次囗囗次宣威將軍隴州治中司馬汧陽太守河北大郡主簿弼等天和五
年十月卜措乎夏禹城之西北囗囗原之南君爰自囗壙囗囗囗空囗囗閉窀
穸以涕零囗囗臨穴而灑泣悲夫痛切也人孝囗至深乃刊石而存囗者子孫

口慕之無己口感音儀之寂口口口之口口口全德以作頌鐫崇碑以銘烈

其詞曰

恢恢譙滿鬱鬱神區懷負口口德人口口口建魏歷九服康衢口口口口代

稱譽(弘)濟六合繼響唐虞穆穆淑靈孳俏倚如唯口口口言滿州閭孝誠內外

曾閔口口秉直口口豈獨史魚口口當今口口超除口口口口口舒口口

口陣凶首必攜罷戍歸侍口口口口翱書菀文麗詞口口口口口口口口

口口口口口口口口口口口口口口口口口口口口口口口口口口口

右碑爲北周天和五年建距今凡一千三百七十一年碑前九行中間剝落

尺許先去七十餘字碑後五行亦多泐蝕

碑叙曹氏先世甚詳考三國魏志武文世王公傳亦均翕合惟太守子啓嗣

史詳食邑而碑不載太守祖名碑闕其右偏似是矩字形其仕姚秦下距北

魏太和踰六十年金石萃編疑魏書譙郡曹道即其人山右石刻叢編已證

其誤謂以年計之太守父安邑府君從討蓋吳事在眞君七年至太和南征時亦五十四年年當在七旬以上豈復能以武勇應募稟質靈秀以下皆太守事萃編又誤合謂太守之父歷事孝文宣武亦失之不覈太守祖父並官河東占籍安邑蓋久以大統十年年九十計之其生當在眞君九年戊子魏弟郡置三太守率不之官太守年踰九十猶臨民亦罕見也按宣武帝名恪太守身仕其朝而不避諱爲可疑者一若其終於西魏未嘗事周則碑稱大周故譙郡太守爲失辭此可疑者二碑中踰矩作距禪慧作惠愈篤作喻則或書者之悞六朝别字類此者蓋不盡見之矣書法秀拔與劉懿墓誌在晉爲最古三國魏志王公傳不詳東海王啓所終碑中改姓避難事可補裴注之闕此此碑有裨史傳者非特書法足觀也

洛陰脩寺碑

碑高三尺四寸廣二尺二寸二十三行行四十三字分書前在陽曲縣羅陰村

惟夫眞途寂邈著矣難知正道愜彤遐焉叵惻於是耆闍山内口眞趣以現金
軀菴羅樹下顯弗妄以成匪口口迷曉或遷陟羣生自覺人闡明内外斯乃隨
益應機遂請開化抑揚口頓口見生死故能縱目在於方丈之中納須彌芥子
之内現相於舍城遺光於漢境牧玻黎之耀於四方散如意之輝以東照此乃
思其妙旨番經草室想其容艷畫像天宮導弘羣耶誘歸正路能使歓瓊漿之
輩捨貪慾之河餐玉屑之氵口附著之口至於雪山羅漢鷲嶺名僧變化道門
神通法味或有負杓騰虛之功杖鉢超空之力多陳少說之口小口大實之方
雖復別道殊途莫不歸於不二盡是慈悲世界惠念閻浮心命三受含㊣四口
我　皇帝懷大寶而懸金鏡握瓊室以阝玉升念口罷綱好生惡殺每以法海
存意常以舟航掛心上柱國幷州總管漢　王諒世載兩曜之明家墜二儀之
口健社汾洮分命梟部奉天心而覃百姓承帝意以字四民洛陰府驃騎將軍
開府儀同三司趙達口神愜廓武略縱橫六鈞非擬七札無譬車騎將軍儀同

三司王𢚵氣逸雲霄雄才武略五勝在躬六奇匡國汾陽縣口胡憬器範淹凝
風韻清舉口口閑旌割享不曾當斯繁宰口孫孝敏尉口師才尉吳口等董珪
璋特達鋪藻紛紜觀國賓主分符贊務片言斷獄膚受不行鏡朗冰清金聲玉
潤合府文武諸官等不識十善開明六趣專心佛刹留意崇口口口件諸公等
並夙殖善根果聞法教同奉一人之勅　遵三寶之口口口上當縣伽藍一口在
洛陰城內其口寺也起口舊口新於脩盛本初立意口口洛陰府官并鄉義人
等皆跒聽法鼓之振口口口意口口竦心般若之場刻念菩提之域同捨危脆
之寶共納無虧之藏敬造斯館於勝田晉北代南正當瑰口之所口城口水實
等祇園之地南西兩峪觀重驛如往來北東二嶺每截雲以口漢口其堂宇重
構弊日虧光廡閣連甍裹霞口耀七珍像殿全口帝口之宮千葉寶花真等口
天之室神香暫舉死者聞如口甦輪相纔轉生者覩如悟道今皇祚瓞隆口命
惟永正是遵帝道於昌運口法雨於口口口良田不口口隨口口口口詣善業不

亡金粟久證斯語縱令芬城有盡此福無窮石拂可銷口口彌固然寒暑交口
春秋運轉竹帛易朽琨玉難鎔聊口口題其頌曰
幽微冥辯浩曠難別斂躬二尋散身千剎世口口遭唯尊特桀隨意自在任情
獨抵斷塞耶塗開通口路導或除疑誘迷返寤啓析口乘終歸一趣口口口施
恩廣口開天口地自古須　皇周禪寶籙隋受金箱化佇後舜德邁前唐帝
子分命晉口封王百里奉詔二翼繼穆開府敬僧儀同念口豪望影口口口口
口捨珍施寶共口斯福揆辰擇上癸日取正修故口新宮宇轉成樓相合體光
明等聖神口口口生死口醒正覺口柱釋種口師護保戒口守法弗虧大興年
祚　皇道無爲口口万刼匪磬二儀

右碑隋仁壽中車騎將軍王整立在陽曲縣城東北七十里洛陰城魏地形志陽曲有羅陰城卽水涇注洛陰水所經也仁壽距今一千三百四十餘年

謹案隋仿周府兵之制置諸府百官志左右衛各統親衛置開府府置開府

二人又有儀同府驃騎將軍開府儀同三司正四品上階煬帝改驃騎爲鷹揚郎將正五品車騎爲鷹揚副郎將從五品此碑立高祖時故曰驃騎車騎碑有上柱國幷州總管王諒建社汾洮云云案隋書庶人諒傳諒字德章一名傑開皇九年立爲漢王十二年爲雍州牧加上柱國右衛大將軍十七年出爲幷州總管自山以東至如滄海距黃河五十二州盡隸焉高祖崩徵之不赴發兵反煬帝紀壽仁四年八月幷州總管漢王諒舉兵反詔揚素討平之碑銜與史合北周毀像寺隋文帝復崇佛法故脩寺者特多如此碑與黎城寶泰寺碑皆其明証至碑中洛陰府驃騎將軍開府儀同三司趙達車騎將軍儀同三司王愬皆可爲考晉文獻之助惜銘文泐甚不能據証未可忽畧也

碑高四尺六寸七分廣二尺七寸三分前刻序頌二十四行行五十三字後列職名七行行三十九字行書前在平定縣東北九十里娘子關介之推廟

妬神頌

妬神頌 并序

判官游擊將軍守左淸道率府率賜紫金魚袋上柱國李諲撰

粤若稽古徵諸陳迹雖年移代謝而損益昭然是以宋玉高唐之辭盛傳於南國曹王洛神之賦永播於東周莫不事載圖書名標史策晋東之美者有妬水之祠焉其神周代之女介推之妹初文公出國介推從行有割股之恩無寸祿之惠擔將畢命肯顧微軀儀形飄殞於□煙名跡庶幾於不朽後縱深悔前路難追因爲滅焰之辰更號淸明之節妹以兄涉要主身非令終遂於冬至之後日積一薪烈火焚之□其易俗諺云百日斫柴一日燒此之謂也闔境之內疇敢不恭順之則風雨應期違之則雷雹傷物兄則運心以求合我則處室以全眞兄則禁火以示誠我則焚柴以見志惟兄及妹與世殊倫傳曰介之推終不言祿祿亦不及渾天記曰着寒食者爲助陽氣用厭火星所說不同互有得失其來遠矣安可闕如縱因事之宜亦自我作古祭法曰其有廢之莫敢舉也其

有郡之莫敢廢也東北自土門之口西南距盤石之山方圓百里別成一境天寶中一賊臣背化　國步猶艱塗炭生靈焚燒甲第伊我遺廟巋然獨存礬碣近叶於當時庭宇更新於往日性惟孤直虐見授於姤名行本堅貞實堪垂於令範今幸邊塵不動海水無波蕞爾小戎曷足爲患昔虞舜至聖尚有苗人之誅殷湯至明豈無葛伯之伐蓋以　君爲元首臣作股肱飄飆轅門藩屏王室乃命　河東節度副大使兼工部尚書大原尹北京留守薛公諱兼訓警此禁闈　公掌握衡鏡心韞韜鈐勢若轉規謀如泉湧運籌帷幄孫吳詎可比其能料敵戎旃衛霍不足方其妙浙江遺愛但美還珠汾浦來蘇惟欣去獸申命我承天軍使節度副使前永平軍節度右廂兵馬使銀靑光祿大夫試鴻臚卿同山南東道節度經畧副使上柱國黨公諱昇鎭茲巨防公　天子忠臣元戎外葺志惟淸而惟謹行不諂而不驕往往淸臺職居總統近歸本道位處專城投膠之義遠聞挾纊之情久著爰自至正星管再周路不拾遺人皆樂業

長筵繼日士忘其勞細柳垂陰衆歌其美水磴成而永逸聚米難傳軍井達而少關伏波不竭　君依神以儌福神依君以庇躬事勢相因理亦條貫固宜書其已往播於將來貞石既磨斯文可作爾其泉湧祠下蓄爲碧潭飛入大河噴成瀑布湍瀉衆瀰雜雷霆之聲盪雲湲日類風水之會經沍寒而氣烝萬象處炎燠而淸潤一川灌木扶疎引柔條而接影纖苗靃靡夾高岸而隨風自古及今非軍則縣未嘗不揆月撰日備其享禮春祈秋賽庶乎年登巫覡進而神之聰之官寮拜而或俯或仰既而坎坎伐鼓五音於是克諧峨峨側弁三軍以之相悅　公之德也如此神之應也如彼且河北數州山西一道或衣以錦繡或奠以珍羞無晝夜而息焉豈翰墨之能諭歳以商者求之而獲利仕者禱之而累遷蠶者請之而廣收農者祈之而多稔不然則奚能遠邇奔湊奉其如在盖闕有而不言謂之隱無而言之謂之諂又聞誇目者尙奢愜心者貴當承　命述事敢不勉旃謹因退食之餘竊比陳其梗槩也銘曰

凡有異行宗之曰神匪害於物寔利於人兄則禁火妹乃積薪共爲隹節在乎
芳春今古千齡方圓百里德音無斁蒸嘗不已祭具珍羞服先錦綺所求必應
高山仰止　將軍塞下細栁營邊晴開朝鏡霧雜鑪煙神理昭昭靈草芊芊紀
諸令範光我承天井陘西南太原東北妬祠之水澹爲黛色跳波噴浪如有可
則古往今來源流不忒興雲致雨脩　造化力(闕)(闕)昂昂象　君之德或祈或
禱永無休息神之歆之福善(字)極

大唐大(曆)十一年歲次丙辰五月丁亥朔十六日壬寅巳時建

副使同經畧副使特進試鴻臚卿上柱國廉明遊奕副使雲麾將軍守左金吾
衛大將軍試衛尉卿上柱國步光庭都虞候冠軍大將軍守左金吾衛大將軍
試太常卿上柱國王曇將太常卿楊進朝光祿卿張鸞太常卿聶庭賓散將衛
尉卿劉浩太常卿馬崇俊太常卿崔元英太常卿蔡希滕太常卿梁昱鴻臚卿
巨超俊殿中監葛日新判官節度逐要官涼王府司馬許勉左武衛將軍郭崇

儁左武衛翊府中郎將辟閭琍孔目官太常卿張崇珍節度隨身官右翊府中郎將燕潤國副將太常卿孟大津太常卿曹龍興太原府豐川府折衝郭季膺衙官代州別駕姚庭秀左淸道率劉廣成總管太常卿□□僧左金吾衛大將軍竇光超左武衛翊府中郎將陳洽

謹案石艾妒女泉及祠魏書地形志任昉述異記平津讀碑記皆載之遺山集平泉詩注平定土俗傳稱介之推被焚其妹介山氏耻兄要君積薪自焚號曰妒女祠其碑大歷中判官李諲撰云云均與碑合唐會要高宗將幸汾陽宮幷州長史李冲元以道出妒女祠俗云盛服過者必致風雷之災乃發萬人別開御道狄仁傑謂天子行風伯淸塵雨師灑道河妒女之害耶是祠自唐以前已有之未悉創自何代也碑中稱天寶中賊臣背化塗炭生靈焚燒甲第伊我遺廟巋然獨存此當指史思明犯太原事碑又云乃命河東節度副大使兼工部尙書太原尹北京留守薛公兼訓警此禁闈舊唐書本紀

大曆十一年十二月鮑防權知河東留後北郡留守薛兼訓病故也碑撰在五月故仍云薛公碑所稱公諱昇鎮茲叵防星管再周者以碑末証之昇當於大歷九年鎮天承至碑末所題官亦間見承天軍城記唐時軍鎮職名蓋如此其繁也唐大曆十三年距今一千一百六十三年

造像

李僧元造像記

大魏武定八年五月十日

清信大士口平北口

口縣令李僧元藉趙

郡因出此土自云生

在閻浮長在三末身

非是常財非久珍十

善可崇諸惡可遠撫
恤善誘七世所生眷
屬男女齊心唱合郎
發菩提洪願造石四
面像一區像身五尺
釋迦大像十二堪師

右文在石正面下段

口口坐暂餝誡訖僧
不爲己身前願皇帝
國王人民後願所生
父母養育懷抱因緣
眷屬內外男女眷非

口動邊地衆生有邢
之屬普同斯願無心

右文在石後面下段

右造像四面均有刻文每面就石長度可區爲四段上中下造佛像三尊最下一段正反兩面勒文如右左右兩面題名行字不等正書長五尺原文云前後兩面畧寬全石下寬上窄作浮屠形不能確定寬度東魏武定八年造距今一千三百九十一年也

此石諸家未著錄謹案東魏武定八年五月高洋廢其主稱皇帝國號齊北齊書文宣紀是年五月丙辰魏帝遣彭城王韶奉璽綬戊午卽皇帝位改武定八年爲天保元年是年亦卽梁簡文大寶元年也右像爲是年五月十日造以非梁氏率土之民故不稱大寶其仍稱大魏武定者或是月十日尚在戊午齊正之前也然否待考六朝造像多先之粗野質勝乎文此石刻工精

整字體亦樸懋方厚造像中罕覯也

文中形作邢可與六朝别字記相參証

陳神姜四面造像記

至道口口妙絶常

境爲欲化物誕應

王宫化盡有緣終

歸大寂自眞儀隱

影倉生懷感然佛

弟子合邑人等共

相率化於大統十

三年歲次丁卯九

月八日仰爲　皇

帝陛下法界合生
敬造石像一區素
餝端華眞容等就
願以茲因國祚遐
延八表寧泰存亡
同益有形離苦口
口三會願登上口

右文在石正面下段(占全石六之一)

右造像四面寬度相等約今尺一尺六寸長約四尺正面可區爲六段上段鐫花紋二三四五段中間勒像旁注主名下二段勒像四尊三段一尊四段五尊五段一尊旁鐫鳳文下段勒文凡十六行行七字正書反面可區爲三段上段上爲花紋次列造像中段勒像兩列上五尊下六尊旁注主名下段

山西省文化委員會編印

題名十八行行二十四五字不等行列人名五人末二行空凡八十八人邑師尼比丘尼維那邑主有差左右兩面可區爲八段上段鐫紋二三四五段各列造像三尊右面六七兩段各題名十六行行五字八段十二行行五字凡四十四人左面六段題名十四行七八兩段空凡十四人全石題名計一百四十六人石造於大統十三年距今一千三百九十四年也

此石諸家未著錄出土之時地及運展年月亦均不悉以刻工與書法相較則刻工居上切見雕刻藝術之能事六朝造像以雕刻見精者如天平二年洪寶像造正光六年曹慎造像等此石亦其選也

母邱氏造像記 母邱氏造像記別名

共五石第一石高一尺二寸廣一尺五寸分二列邑子名二十行二列邑子名十七行第二石高九寸廣七寸六分分兩列上列邑子名十三行下列邑子名一行第三石高一尺廣八寸分兩列首列比丘尼等名次列邑子名均十三行第四石高九寸廣一尺七寸多係題名模糊不辨第五石高三尺廣二尺八寸像六列像旁皆有題名別石高二尺分廣三尺兩列上列題名次列記文三十二行行十字均正書前在聞喜縣邱村今可辨者惟第五石與別石矣

第一石 上刻佛象下列人名

當陽佛主母丘口口當陽佛主母丘口口

口口佛主母丘口口口當陽佛主母丘口 此二行在佛象中

口口丘口口 邑下闕

邑子王遵和 邑子母丘口口

邑子郭口 邑子母丘顏口口

邑子母丘口和 邑子母丘口口口口

邑子母丘遷興 邑子母丘子敬

邑子母丘向毛 邑子母丘子邕

邑子母丘阿口 邑子母丘李生

邑子母丘前 邑子母丘孝口

邑子母丘景署 邑子母丘景彥

邑子母丘僧和　邑子母丘子口
邑子母丘魯口　邑子母丘默仁
邑子母丘口口　邑子母丘麀侯
邑子口口　邑子張口禮
邑子母丘景明　邑子母丘口買
邑子壬馬仁　邑子李口
邑子母丘循禮　邑子母丘口曹　邑子母丘口
邑子母丘口和　邑子母丘遠口
邑子母丘長孺　邑子母丘口口
邑子母丘廣口
第二石上刻佛象下列人名
邑子口口口

邑子王歡敬
邑子董光如
邑子毋丘□□
邑子馮□□
邑子□元親
邑子□□□
邑子宋□□
邑子張□□
邑子郭□□
邑子吳□□
邑子□宜□　邑子□□
第三石

比丘尼王信　邑子口口口

比丘尼法玉　邑子郭口敬

比丘尼明藏　邑子蘇嗚倮

比丘尼法明　邑子馬明朱

比丘尼明威　邑子張由姜

比丘尼明貴　邑子陳阿玉

比丘尼明意　邑子王口女

比丘尼法顏　邑子祁寄張

比丘尼法英　邑子張定口

比丘尼曇口　邑子毋丘阿扶

比丘尼情貴　邑子郭舍貴

比丘尼法利　邑子楊醜女

比丘尼普靜　邑子裴禾

第四石上刻佛象下列人名

梵王□□□

□□母丘□此二行在佛象側下載字不可辨隱約有母邱數字

第五石刻佛象五層每層一象一人名第一層不可辨

邑子□□貴　邑子□□貴　邑子□廻貴　邑子□□

邑子濂清□　邑子石元勝　邑子趙妙暈　邑子姬元□

邑子董洛□　邑子樂清光　邑子母丘阿扶　邑子回廻敬

邑子□廻王　邑子姬高勝　邑子母丘季妃　邑子白氷姬

邑子郭舍貴　邑子□□暈　邑子史阿暈　邑子王要好

邑子王匡女　□□□□□　邑子母丘媚光　邑子張□□

邑子王要□　□□□□□　邑子張廻勝

邑子□□□

第六石佛象八名俱漫漶

毋丘氏造象記別石

邑子□□□

邑子□□龍生

邑子□□法顯

邑子□□□□

邑子□□□

邑子厂□□□

□□□□□□□□□□□□□□□□□旡□□□□□□□魯旡以□□

□□□□□□淪三界□□□□□□□言語不□□□□□□宿世稟□□

□□□□宅之傾厄解解□□□□□惡崇貞志□□□□□王鑄眞金爲□

口口口口以表㉟是故口口口口口口絕又都口口口口口口口一百億人口
口口口口心樹福日口口口口口世口祖母丘儉口口口口口口天俄俄如口
口口口皎皎如神龍口口口口口口口奏過口口口口通口口口六纛口冠口
口口口皇朝故口晉鎮東將軍揚口二州刺史太尉口口侯口居此邦口口四
口口口口口口口臣僚增口口口口萬國歸伏敬造口口一口口此徽國同緣
口口口口來洪福果鐘口口口口口七族口口口口口口口口陶口口口口像
口口口口口口口口意口口口口口口口口石口傳口口口口口口口如口布
口口口口口口口口咸稱口口口口口口口口同

右造像各石原在聞喜縣邱村黃花洞此洞前爲寺而洞口在毋邱山腹深莫可測云梁時高僧寶誌所居亦未見有確證惟明人碑引郗后爲蟒誌公爲之懺悔始得超生裨官不根未可入錄而石又無文義可考僅題名百餘毋邱氏居十之九按別石勒文律之知爲鎮東子孫所造

謹案三國志注載儉子宗入吳吳平復還中國宗子奥巴東監軍益州刺史此石中間數行意象即奥所造母邱氏墓即在母邱山其子孫云當時司馬子元掘其墓四陬而溝之矣文稱祖母邱儉皇朝闕晉鎮東將軍揚闕二州刺史太尉闕侯闕居此邦按三國志本傳儉曾封安邑侯又嘗爲鎮東都督揚州軍事又領豫州刺史則揚下所闕當是豫字太尉下當是安邑字皆與史傳合惟異代尚稱皇朝則由拓拔氏建號以先世與魏和親改代爲魏天興元年詔云宜仍先號以爲魏焉蓋當時因典午南遷自以承東都舊統也以別石証之其爲後魏所刻無疑雖片石可寶也

張祖造像記

右高一尺九寸廣九寸陽面上截佛龕龕之兩邊各有題識一行下截記文十二行行十字陰面上截大小兩龕下截題名兩列上列六行下列五行正書原在聞喜縣東鎮

天囗掤因脩衆囗此豈勯殞之所遮庇四門而與飛攬八解之依絕煩總之羇化物與秘同躰天地與我同根但衆生居間迺敎無外曉茲正路聲馳十力天

人見登正覺佛弟子張祖爲亡女買□及家內大小因緣眷屬渺割資財敬造

石像一軀今得城就仰爲皇帝陛下國祚永隆□□因果彌勒三願□□□以

上陽面下截

□騎將軍右金紫□□都督張留賓妻嫐始妃一心侍佛時

□醜奴一心供養佛時　妻丁念妃一心供養佛時

□慶賓一心供養佛時　妻雛僧畳一心供養佛時

留息鬼遠一心供養佛時　留息女宜連一心供養佛時

姪純陁一心供養佛時　姪女法花一心供養佛時以上陰面下列

姪□息一心供養佛時以上陰面上列

達□□下闕天保癸酉朔四月□□戊辰以上陽面佛龕左邊

□□知親一心侍佛時以上陽面佛龕右邊

謹案此石初爲景州戈履徵訪得天保癸酉爲北齊文宣帝四年距今凡一

千三百八十八年書雜隸體如軀作⿰𧾷區成作城陛下作陛下皆譌字北朝造像多村民所爲不足辨也

檀泉寺造像記

座高一尺二寸橫廣三尺二十一行行六字行側厚一尺九寸左側十五行右側二十二行皆正書原在聞喜縣寺底村

正面

□□□遠將軍右員外□常□
□都督齋主祁令和爲亡父母
□界昏嚚六塵
煩惑終須濯兹
□水陰彼禪枝
□故檀泉寺比
□尼法眞通明

□妙窮空有遠
□勝廣業樹(弘)
因絳州刺史龍
頭城開府儀同
三司豐利公弟
子宇文貞奉律
□隅撫兹蕃岳
□□伽藍共崇
□□敬造等身
□□像一區願
　皇基永固溥
天慶集俱超障

山西省文化委員會編印

海同昇彼岸
大周保定二年九月二十六日
左面
口走主蒲坂令董號
口口尼普照爲皇帝陛下
造像一區爲邊地衆生口
大化主佛弟
子清信士郡
君達奚
佛弟子宇文
汝藪
佛弟子宇文

善才
回齋主鳳州刺史王羅雲
供養主閻玉珍爲妹磨女興
供養主韓犁奴爲亡父敬
回玉主李蘭
像主比口曰
右面
口口口口口邑子彭子口
邑子董相買邑子和元哲
邑子董惟和邑子董惠元
邑子董胡雀邑子楊長遷
邑子董顯岳邑子喬中奴

邑子王舍慶邑子董由誕

邑子董顯樹邑子董遵署

邑子鄭元祖邑子王胡仁

邑子王舍溫邑子鄭長命

邑子董景邑子王青威

口口王惠海邑子李僧達

口口口延智邑子董禹鸞

口口口口猥邑子介及先

口口口口尚邑子馬穆

口口口口陰邑子董華儁

化主姚賢保邑子董顯義

邑子董口延儁邑子董景業

邑主董延和　邑子董醜奴
口主董景興都邑中正董延和
口口董當川一心侍佛時息伝養
口母一心侍佛時　邑子董僧奴
口像主董敬賓爲亡
口口支思菓爲亡父母侍佛時

右造像清光緒初元聞喜縣人楊深秀潘夢鳳共自地中掘出寺底即水經注之仲郙鄓縣志寺毀多年無復遺跡所以通志金石記遂謂村之名寺底不復可解今詳寺名檀泉雖佛家語要是因泉得名寺底志稱依山有泉可灌田二頃或以寺枕山麓村又在其下耶文中豐利公宇文貞乃周明帝第二子而周書只作豐國公未言其曾爲刺史若石文可準則可補史傳之缺此名貴者一造像自魏迄唐相習成風然多鄉僻庸愚所爲此石出之宗親

冢宰可以覗貴族作風此名貴者二題名有一字或作顯字書所無所謂都邑中正州大中正縣中正皆當時制度州大中正率以刺史兼之縣中正率以令長兼之然多是土著故裴氏屢有爲縣及州郡中正者此云都邑中正乃其屬也文又云絳州刺史龍頭城開府云云絳州在後魏爲東雍州周明帝武成二年移置於龍頭城至是僅三年故猶稱龍頭城城在聞喜縣東二十里石爲保定二年建距今一千三百七十九年也

摩崖

程哲碑

碑高三尺二寸廣一尺八寸二分三十一行行四十五字碑頭左偏題年號四行行四五字不等均正書原在長治縣袁家漏村

假恒農太守程定宗詔假常山太守程文靜前祭酒輕車將軍給事中程海珍假太原太守程蓋世程進程慶仲等造朔州故平北府長史程鉢字洪根故晉陽令程鑫字士璉故高都令程買字市略故贈代郡太守程府君之碑文

君諱哲字子賢上黨長子人也系自啇源承芳倫厚抽柯挿漢聳枝雲烟伯荇以英才桀出作卿相於成康休父以鑒明洞悟乃光隆於周室官班二大位極台鼎綿邈踵基君卽綺葉也不子乃貞欑獨振頴略自天出周入衛世爲名卿遠祖嬰幼聰長資義節純和晉平公以其儒雍封爲忠成君祖不識碩學養性志玩林嶺隱顯之機比德於伊傅待時之歎必俟於漣漪何異垂翼柒薗彌鱗倉下故漢武徵賢三詔而後起辭不自免遂登車騎大將軍安西衛尉幷州刺史覇城侯乃祖幨字申伯魏文帝景元中與鄧艾伐蜀受律西征恭行天誅使城都自潰劉禪稽顙帝命使持節征北將軍靑州刺史特進廣年侯幨弟昱忠亮貞正魏文帝命車騎大將軍儀同三司祖雄字長思晉國初建任〔字〕西將軍陳留太守俄遷豫州刺史山陽侯祖猛字景陵晉惠帝永康中任〔字〕遠將軍浮氏令祖豐字慶雲晉懷帝永嘉元年中任〔字〕朔將軍魏郡太守値晉室道衰劉氏稱覇曜勒王彌襲帝洛川愍帝昇祚以豐中良才堪撫捍卽除上黨太守後

以劉石鷄峙皐地豜狼遂因守任卽居上黨豐弟暇趙明帝建平中命司徒公
豐生七子長子蔭趙太和七年任北郎中將(玄)氏令弟稚趙　建平中命淩江
將軍白馬令遷魏郡太守稚生五子長子樜燕建興二年任駕部郞代郡太守
貴鄉侯次景絕後次洛廣年中牟二縣令次陽容城令高祖周上黨太守慕容
超命爲功曹東燕建興七年除鎭軍將軍常山太守曾祖蒲大魏神瑞三年命
蒲造輦臺都將除武安令祖芒大魏明元皇帝大駕親戎詔訪英彥芒時應命
爲望義從西征有功補高都令在官懃明不遑寢食宰民惠下恩齊卓魯芒弟
信假魏郡太守次弟韡假趙郡太守
君昆弟四人誕應靈源世荷著姓瓊柯玉葉垂馨不朽君器識融通冲素淵雅
論經則通並於四枺語典則幽達於賈馬揮翰風生吐章落玉孝等曾閔義同
栢山又善弓劍便於騎射彎弓十石矯矢猨號養遊蒲盧萬以加也散誕宏放
嵩衡無以量其高遊神六合江海(寧)可測其深振羽霄霞考槃雲室亮拔人表

獨悟世里亭年不永春秋八九卒於崇仁鄉孝義里臨終清解言爲世範遂勑諸子遺以後誨顧命曰君義臣忠父慈子孝兄愛弟順能此六者則吾無憂矣惟君南圖未極北駕遂往凡在有識莫不悲之於是主上悼心遂加褒錫追贈郡縣以慰亡魂周邦親故咸用悲惋雖宅兆口終喪制禮畢（缺）不齒躡山阿刊石流咏者哉　故贈代郡大太并息贈陳郡太守程永之頌文於皇寶冑時惟殷商金玉蟬聯本枝尅昌琳瑯雲暎鳳翥龍翔爰暨体父廓清徐方修修列祖英才桀出直道匡君光隆漢室劉亦不吐矛而能慓口霜獨秀皎皎若日惟君淵雅器識融通亮齊八儁德侔四公孝並二連伺雷等縱揮章落玉曠世少雙汎愛鄉黨蹈義恂恂德祖周孔非禮勿親有美君子如玉如珍昊天不惠降此凶泯汪汪代郡弱冠振聲志超霄漢氣邁雲星夕寒增蔚逕霜特清如何不淑哲人禍丁哀哀慈考子（闕）体令官號陳郡器美德盛口冀遐齡輝賛邦政良木空摧昊天殞命蘭葉夏彫芳桂春折日月煙暉降茲霜雪山川改色思鳥鳴噎

寒雲蒼芒悲風激烈　故晉陽令鑫并二息贈廣平太守靜光假西河太守次等之頌英哉体哲皇魏棟樑布澤唐晉緝熙遠彰義感緇負沾被遐方誕生慈父福祿永康堂堂廣平光共聾邦布政鄉井雅性縱容風動草偃不肅而從衣錦白日惟有茲公爰及西河少聰長令敷育汾邦光顯王命勳彰書策父子蔚暎　故高都令并息贈太原太守程義之頌也明明高都亮濬江海資父事君孝義愷悌志陵松霜逕寒莫改金聲玉潤貞節常在誕生太原光陰唐墟靈根万及世稱高胂流芳布馥曠代英儒文優武慱德必不孤昂昂祖父誂誂子孫遠苗自陽世爵相傳寄刊(玄)石託咏名門

大魏天平元年歲次甲寅十一月庚辰朔三日壬午造訖

右碑摩崖刻首行標目連及同姓名字並書金石中此爲創例至以歲月題額亦爲僅見後此則有唐貞觀晉祠銘二石均在山西亦金石佳話也顧氏日知錄古人文字年月之下必繫以朔必言朔之第幾日而又繫之干支証

以魯相乙瑛孔子廟碑史晨饗孔子廟碑等皆可知此碑額題大魏天平元年歲次甲寅十一月庚辰朔三日壬午亦同按碑所叙其人蓋才兼文武賢而隱者其叙家世謂系出程伯以程嬰爲遠祖次漢程不識（見漢書李廣傳漢景時以數直諫爲太中大夫碑稱漢武徵賢三詔後起與史不合）次魏程憘（見三國志田豫傳）與弟昱（三國志傳不言儀同三司）皆於史有徵以下則爲管豫州刺史山陽侯雄浮氏令猛上黨太守豐（晉書同碑可按與猛官豐職俱照宋書百官志）豐弟後趙司徒公暇（即晉書載記之程遐）而豐始居上黨自是葉奕簪纓爲郡着姓石虎載遐程氏遂廢（清康熙中程大令正續營輯上黨程氏乘餘錄其子之韶復有續錄又著程氏人物考讀之可知惟碑近在境內關係譜牒至鉅而未見援引不無顯晦之感）碑陰別爲三頌一題故贈代郡太守幷息贈陳郡太守程永之頌詳頌詞卽哲與其子也一則叠並二子（廣平太守靜光假西河太守次等）一則買並其子贈太原太守義西獨遺鉢無所述凡此諸人與造碑之程文靜等六人亦竟不知與哲屬何輩行也至若叙程氏所自有云伯苻以英才桀出作卿相於成康休父以鑒明洞悟乃光隆於周室伯苻無可考據唐書宰相世系表言重黎之裔孫封於程是爲程伯至宣王程

伯休父生其官守以諸侯入爲王司馬云云則所謂伯苻在成康時或即封於程之程伯耶要必有據不得以不見古籍遽謂無其人也惟謂晉平公封程嬰爲忠成君漢武帝以程不識爲并州刺史覇城侯皆不知何本若爾則後來趙宋之封程嬰爲成信侯公孫杵臼爲忠智侯特襲舊號而刺史專制不自後漢覇城置縣亦不始西晉矣文中休父官班二大者魏書官氏志二大大司馬大將軍此碑出魏人手故云又曰使成都自潰劉禪稽顙按魏志景元四年正月詔諸軍大舉伐漢時爲元帝奐即陳留王非文帝也至稱太和七年建興七年云云按晉書石勒載記以咸和三年改元曰太和不得有七年（通志金石記曰晉爲二字之悞）慕容德載記以隆安四年改元建平則此云建興者當爲建平之悞山右石刻叢編稱此碑雖晚出以考漢曹魏故實固不能無悞而以證元魏官名地名則合者頗多未可謂爲贋作碑字楷法勁整惟結體茜小摩崖刻鑿於運力鋒鋩少鍛而完好僅闕數字殊可貴也（天平距今一千四百零七年）

附錄

上蘭五龍祠塲圃記

往余讀書虹巢數數過上蘭五龍祠祠東南有余家地二畝祠僧普烈請為場圃余許之越二年復過上蘭普烈將築牆於此嵌石其上復請余記之時普烈適新住城之報恩寺寺龍池先生像在焉先生當日文士死焉亭樹非其有贈答吟什非其有子孫亦非其有余約普烈供佛之餘以香火供先生焉烈能聰余是余以二畝地為龍池先生易湯火也奇奇

右記傅青主撰並書字體行草末有分書岳丘既平琮玉斯韞考辟亡羊題槙木折有位無人甫田園隱巨室工逸七賢一遁三十二字較正文為小劉雪崖氏編校霜紅龕集謂是明崇禎辛巳年作辛巳距今三百年時先生年三十五可覘先生中年作風文內龍池先生無可考劉氏謂雜記有王龍池道行者或其人耶

茶毘羊記

方山門未闢時陶竇窈窕生客未繇也日衆經行見羣狗子直竇嗥睨之壹羊規竇入羣狗子格之雖劇不退轉僧慈悲揮狗子去引羊入羊如少安穩謂逸諸牧翌日有尋羊來云潘氏役塗次大恐怖幸生還許賽羊關帝明日且賽忽逸出迺至此請牽羊僧曰是羊逃死來道場有放生無殺生請贖之役曰奈得罪關帝僧曰關帝在伽藍共禱而鬮之擘赫蹏寫一殺一不殺役鬮得不殺僧衆念佛亦役念佛如是願留羊常住去於是羊得大安穩常住芻豢月餘一夜無故殂大則曰善來有緣羊佛子普請律衆爲羊轉咒荼毗附普同

右記傅青主撰並隸末題楷書三行文曰律師海潤說因緣　行師口聞者茶居士高肖柴磨礱韻僧圓璧辨齋居士任復亨張敏同鐫云云按左列天澤碑所記卽律師海潤事則此石當亦在淨業庵（太原城南十里）與文有柰得罪關帝語或庵中供有關帝像也

天澤碑

律師天澤潤公陝之蒲城人出家蒲之佛田寺得戒五台之蘊眞和尚崇禎十三年游太原既傳戒於太原城南之淨業庵梵衆服其愷悌悲喜遂推主庵事不貪不慳不暴不費應州年如一日老而矍鑠於無病時即修小白塔堵種松樹子以爲寂住冥龕欲道人書此碑及其生也一見之道人顧心許之矣然以道人說和尚家語即微中彼其其信吾謂此土葩中當分與思修土榻一半尺思修實左右和尚綱紀常住者也今年和尚病復敦前諾遂爲書此數句今和尚見之和尚處分常住精爽不亂日飲麵茶兩盞禮佛不懈夜臥亦無呻吟疾苦聲即化後可知矣續以偈子問之令和尚將得去薄了汝今生文字因緣也偈曰我今重問汝汝當安所往庵中住不住此塔能住否汝之大福德利益諸有情而在於傳戒使無諸覆藏當其受戒時不管戒前犯至於戒後破懺悔刹那間爲下定慧種生前既說戒死後戒仍持戒爲天地根生死縛不定當此呼

吸際莫於舊公案鈔撮復湊泊說諸無益語生死將戒去再來亦歡喜還願與思修世世共法會

右碑傅青主撰並草書末題丁巳菊月傅書丁巳爲清康熙十六年時先生年七十一與右列上蘭五龍祠場圃記參觀可覘先生晚年作風陽曲志紅土溝白雲寺在城南十里舊有淨業庵由溝中鑿修磴道上建佛殿所謂紅土道場即此此碑碑陰爲淨業庵題名記在此碑前二年康熙十四年所勒皆檀越施主名與此截然兩事故不贅焉